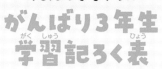

くもんの小学ドリル

がんばり3年生
学習記ろく表

名前

JN048002

| 1 | 2 | 3 | 4 | 5 | 6 | 7 | 8 |

| 9 | 10 | 11 | 12 | 13 | 14 | 15 | 16 |

| 17 | 18 | 19 | 20 | 21 | 22 | 23 | 24 |

| 25 | 26 | 27 | 28 | 29 | 30 | 31 | 32 |

| 33 | 34 | 35 | 36 | 37 | 38 | 39 | 40 |

| 41 | 42 | 43 |

1さつぜんぶ終わったら、
ここに大きなシールを
はりましょう。

あなたは
「くもんの小学ドリル　国語　3年生言葉と文のきまり」を、
さいごまでやりとげました。
すばらしいです！
これからもがんばってください。

名前

月　日

はじめ　時　分
おわり　時　分
かかった時間　分

とく点

点

© くもん出版

1 　□ の言葉を、次の①～④に分けて、カタカナで書きましょう。（一つ2点）

けろけろ
こまりす
ざあざあ
らんどせる
しんでれら
ちゅんちゅん
ばしゃばしゃ
びすけっと

① 外国の、国や土地や人の名前。
（　　　　）（　　　　　　　　）

② 外国から来た言葉。
（　　　　）（　　　　　　　　）

③ 動物の鳴き声。
（　　　　）（　　　　　　　　）

④ いろいろな物の音。
（　　　　）（　　　　　　　　）

2 　□ と反対の意味の言葉を書きましょう。（一つ5点）

① 古い くつ下。
（　　　　）くつ下。

② くつを ぬぐ。
くつを（　　　　）。

③ 後ろ を見る。
（　　　　）を見る。

④ 花を 売る。
花を（　　　　）。

たすと「見る」「守る」「わたる」など、上の言葉の形に注意しましょう。たとえば、「見る」＋わ

4 次の（ ）に合う言葉を、□からえらんで書きましょう。（1つ8点）

ぶつぶつ・わいわい・キラキラ・ガシャン・ピューピュー・ふわふわ・ゆらゆら

① まどガラスが（ 　　　 ）とわれる。

② 大きなからすが、（ 　　　 ）ととんでいた。

③ 春風が、（ 　　　 ）とふいている。

④ 白い雲が、（ 　　　 ）とうかんでいる。

⑤ ろうかが（ 　　　 ）で、転びそうになる。

3 次の二つの言葉を組み合わせて、一つの言葉を作りましょう。（1つ6点）

〈れい〉 切る ＋ 取る → （ 切り取る ）

① 走る ＋ 去る → （ 　　　 ）

② 持つ ＋ 運ぶ → （ 　　　 ）

③ 見る ＋ 守る → （ 　　　 ）

④ とぶ ＋ はねる → （ 　　　 ）

名前

月　日

はじめ　時　分
おわり　時　分
かかった時間　分

とく点　点

© くもん出版

1 次の（　）の文章に、かぎ（「　」）をひと組ずつ書きましょう。
（ひと組7点）

①
ぼくは、
行ってきます。
と言った。

②
弟は、
いただきます。
と、大きな声で言った。

③
わたしが、
わあ、きれい。
と言うと、おばさんが花を少し分けてくれました。

3

2 次の文の主語（「何が（は）」「だれが（は）」）と、述語（「どうする」「どんなだ」「何だ」）を書きましょう。
（一つ5点）

① 朝の町は、とてもしずかだ。

主語（　　　　　　　　）述語（　　　　　　　　）

② あの小さな犬は、チワワだ。

主語（　　　　　　　　）述語（　　　　　　　　）

③ プールで、兄が気持ちよさそうに泳ぐ。

主語（　　　　　　　　）述語（　　　　　　　　）

1 「、」「は」、人が話すときに使った言葉（会話）につけます。
3 文の終わりにつける「。」を「、」

③ 金魚にえさをやった。

（　しかし、　）

② ポテトチップスを食べた。

（　でも、　）

① 雨がふってきた。

（　だから、　）

---

4 文を書く力

絵に合うように、次の言葉につけて、文を作りましょう。
(1つ7点)

① 友だちが校庭を走る。

（　　　　　　　　　　）

② 姉が、母の代わりに行く。

（　　　　　　　　　　）

③ あの建物は学校だ。

（　　　　　　　　　　）

④ 言葉の意味がわからない。

（　　　　　　　　　　）

---

3 ——の言葉を、ていねいな言い方に書きかえましょう。(1つ7点)

〈れい〉物語を読む。（物語を読みます）

4

名前

月　日

はじめ　時　分
おわり　時　分
かかった時間　分

とく点　点

© くもん出版

1 □と同じなかまの言葉を、[ ]からえらんで書きましょう。
(一つ5点)

① トマト・きゅうり・キャベツ　(だいこん)

② ぞう・きつね・パンダ　(　　　　)

③ ズボン・ワンピース・スカート　(　　　　)

④ ヨット・ボート・タンカー　(　　　　)

> だいこん・汽船・シャツ・ライオン

5

2 □の言葉を、まとめてよぶ言葉を、[ ]からえらんで書きましょう。
(一つ5点)

① ちょう・せみ・かまきり　(　　　　)

② ケーキ・せんべい・プリン　(　　　　)

③ めだか・ひらめ・金魚　(　　　　)

④ レモン・バナナ・ぶどう　(　　　　)

> 虫・鳥・魚・おかし・やさい・くだもの

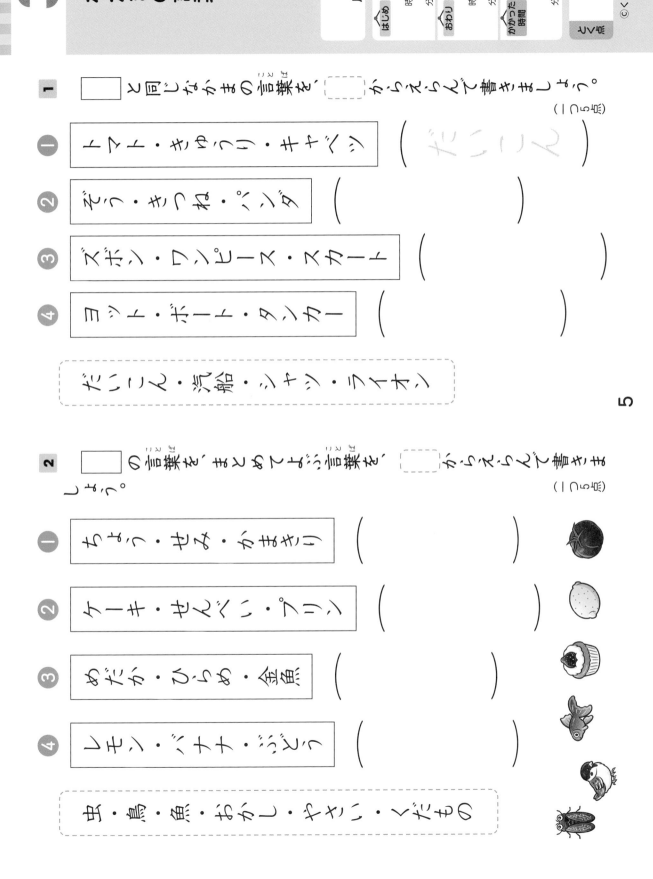

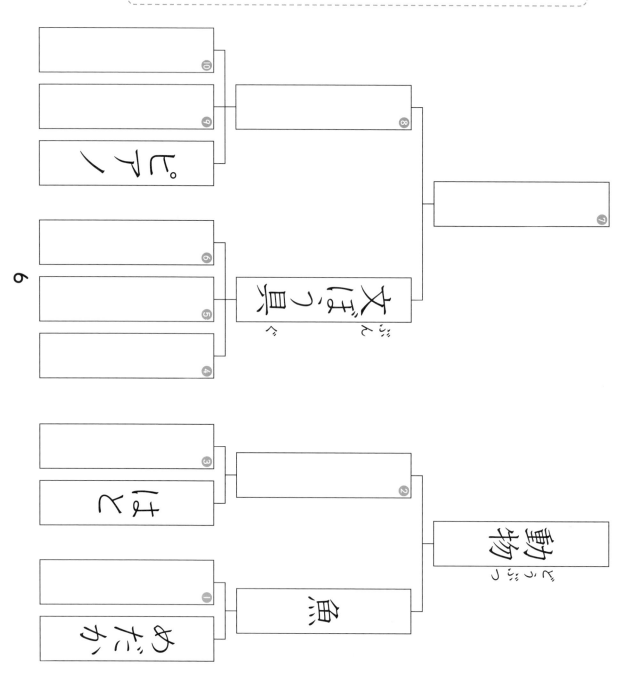

道具・鳥・大だいこ・ピーマン・ヘリコプター・れんげそう・ぶん具・はめつ・やさい・えんぴつ

3 □に合う言葉を、　からえらんで書きましょう。(１つ５点)

名前

月　日

はじめ　時　分
おわり　時　分
かかった時間　　分

とく点　点

© くもん出版

1 次の二つの言葉を組み合わせて、一つの言葉を作りましょう。（一つ4点）

① 夏（なつ）＋ 休み（やすみ）→ 夏休み

② こな ＋ 雪（ゆき）→

③ おる ＋ 紙（かみ）→

④ なく ＋ 顔（かお）→

⑤ 早（はや）い ＋ 口（くち）→

⑥ 近（ちか）い ＋ 道（みち）→

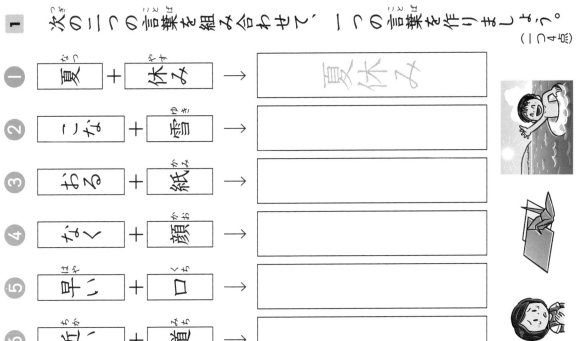

7

2 〈れい〉のように、次の漢字が（　）の読み方をして、いちばん下につく、組み合わせた言葉を、（　）の数だけ作りましょう。（一つ4点）

① 「—会」（かい）〈れい〉学げい会

（　　　　　　　）・（　　　　　　　）

② 「—者」（もの）〈れい〉はたらき者

（　　　　　　　）・（　　　　　　　）・（　　　　　　　）

③ 「—物」（もの）〈れい〉食べ物

（　　　　　　　）・（　　　　　　　）・（　　　　　　　）

1・4

上の言葉の形がかわるものもあるよ。二つの言葉が組み合わさるとき、二つの言葉が組み合わさってできる言葉がわかるように、下の言葉の音が

4 □に あてはまる言葉を、ひらがなで書きましょう。（一つ4点）

番号	前の語		後の語		合わせた言葉
①	へやる	＋		→	へやごとへ
②	おもや	＋		→	おもちゃばこ
③	わに	＋	はなし	→	
④		＋	すてる	→	なげすてる
⑤		＋	そで	→	ながそで
⑥	ぬける	＋	から	→	

8

3 ──の言葉の使い方が正しい文に、○をつけましょう。（一つ5点）

ア（　）弟が二かいから下りてきる。

イ（　）コップの水を取りかえる。

ウ（　）ケーキを人数に見分ける。

エ（　）おそってきたてきに立ち向かう。

オ（　）かりてきた本を友だちに持ちかえす。

カ（　）自分のにもつは大きな本を持ちとる。

キ（　）休みの日は、家族で楽しく見すごす。

ク（　）協力してもらうように、みんなにたのんでよびかける。

© くもん出版

1 次の二つの言葉を組み合わせて、一つの言葉を作り、ひらがなで書きましょう。

（一つ5点）

〈れい〉 本 ＋ たな → | ほ | ん | だ | な |

① 目 ＋ 薬 → | | | | |

② つる ＋ 橋 → | | | | |

③ 麦 ＋ 畑 → | | | | |

④ なく ＋ 声 → | | | | |

⑤ 金 ＋ 物 → | | | | |

⑥ 下る ＋ 坂 → | | | | |

⑦ 大きい ＋ 通り → | | | | | |

⑧ 長い ＋ くつ → | | | | | |

⑨ 風 ＋ 車 → | | | | | |

⑩ 雨 ＋ かさ → | | | | |

9

③ 「持ちよる」は、「それぞれが自分のものを持って集まる」の意味だよ。

3 ▲文を書く力

□の言葉を使って、絵に合う文を作りましょう。

（1つ10点）

① | 持ちよる |

② | 見くらべる |

10

2

〈れい〉のように、言葉の意味がわかるように書きましょう。

（1つ9点）

〈れい〉 切りとる（ 切って取る ）

① 切りはなす （　　　　　）

② 取り外す （　　　　　）

③ 通りすぎる （　　　　　）

④ とびはねる （　　　　　）

⑤ にげ回る （　　　　　）

「…て…」の形に意味を使って、…を表す言葉をつけて。

6 反対の意味の言葉

1 □と反対の意味の言葉を、[___]からえらんで書きましょう。（一つ5点）

① ごみを[すてる]。
　↕
　ごみを（　拾う　）。

② 試合に[負ける]。
　↕
　試合に（　　）。

③ まどを[しめる]。
　↕
　まどを（　　）。

④ [今]の出来事。
　↕
　（　　）の出来事。

⑤ 線の[外がわ]。
　↕
　線の（　　）。

⑥ 音楽が[始まる]。
　↕
　音楽が（　　）。

　拾う・昔・内がわ・勝つ・終わる・開ける

2 □と反対の意味の言葉を、（　）に書きましょう。（一つ5点）

① [明るい]場所。
　↕
　（　　）場所。

② [おそい]自動車。
　↕
　（　　）自動車。

③ [あさい]プール。
　↕
　（　　）プール。

④ [長い]期間。
　↕
　（　　）期間。

③
③ ①〜③

文の中で、上下の意味によって反対の意味は、それぞれの言葉は、反対の意味の言葉もちがってくるので、注意しましょう。

反対の意味の言葉を使って、絵に合う文を作りましょう。

（1つ10点）

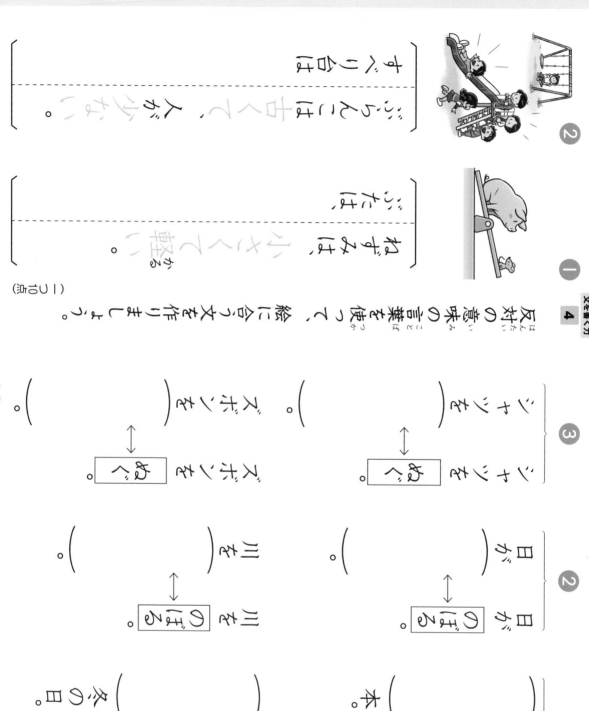

① ねずみは、ゆっくりのぼる。
すばやく〔　　　　　　〕。

② すべり台は、せまくて、人が多い。
ひろくて〔　　　　　　　〕。

12

③ とは反対の意味の言葉を［　　］に書きましょう。

（1つ5点）

① 本〔あつい〕本。
ふと〔あつい〕本。

② 日〔ほる〕日が。
〔ほる〕日が。

③ ジシンを〔ねる〕。
ジシンを〔ねる〕（　　　　　　）。

③ ズボンを〔ぬ〕ズボンを（　　　　　　）。

① 冬の日。夏の日〔あつい〕。
（　　　　　　）

② 川を〔のぼる〕川を（　　　　　　）。

©くもん出版

1 □の文章を読んで、後の問題に答えましょう。

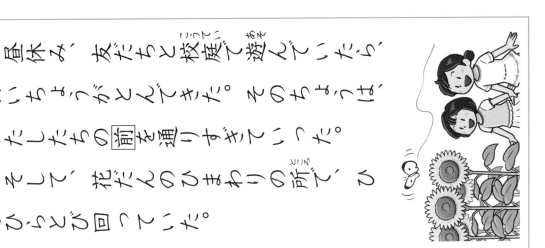

昼休み、友だちと校庭で遊んでいたら、白いちょうがとんできた。そのちょうは、わたしたちの前を通りすぎていった。そして、花だんのひまわりの所で、ひらひらとび回っていた。

❶ 「虫」を表す言葉に、——を引きましょう。 (5点)

❷ 「草花」を表す言葉に、〜〜を引きましょう。 (5点)

❸ 前と反対の意味の言葉を書きましょう。 (10点)

　前 ←→ (　　　　　　　　)

❹ 次の言葉を、二つの言葉に分けて書きましょう。 (両方できて一つ10点)

　〈れい〉 取りつける → (取る ＋ つける)

　① 通りすぎる → (　　　　＋　　　　)

　② とび回る → (　　　　＋　　　　)

13

2 次の□の文章を読んで、後の問いの問題に答えましょう。

> 教室の中が暑くなったので、雨がふっていたけれど、まど(窓)を開けて、空気を入れかえた。まどを少しずつ開けて、弱い風が入ってくると、空気が明るくなった。太陽が出てきたので、教室の中が明るくなった。

① 次の――の言葉と反対の意味の言葉をさがして、言葉の右がわに――を引きましょう。(1つ10点)

① 暗く（暗い）
② 強い
③ 出る（出て）

14

② 次の□の言葉と反対の意味の言葉を書きましょう。(1つ10点)

① 開ける ←→ まどを（　　　）。

② 暑くなる ←→ （　　　）なる。

③ 「入れかえる」を、二つの言葉に分けて書きましょう。(書きかえ方)

〈れい〉調べ直す → 調べる＋直す

入れかえる → （　　　）＋（　　　）

名前

月　日

はじめ　時　分
おわり　時　分
かかった時間　　分

とく点　　点

©くもん出版

1 絵に合う言葉を、１つえらんで（ ）に書きましょう。　（1つ6点）

① 持つ　・　さわる
　　拾う　・　投げる
（　さわる　）

② 話す　・　食べる
　　よぶ　・　飲む
（　　　　　）

③ 歌う　・　はねる
　　ける　・　かける
（　　　　　）

15

2 （ ）に合う言葉を、□からえらんで書きましょう。　（1つ7点）

① そうじきで、まどガラスを（　ふく　）。

② とび箱をぴょんと（　　　　　　）。

③ 大声で（　　　　　　　）声が聞こえた。

④ 何が入っているのか、びんの中を（　　　　　　）。

ふく　・　とぶ　・　どなる　・　のぞく　・　さける

4

④ それぞれの言葉が、どんな動きを表しているのかを考えて文を作ろう。

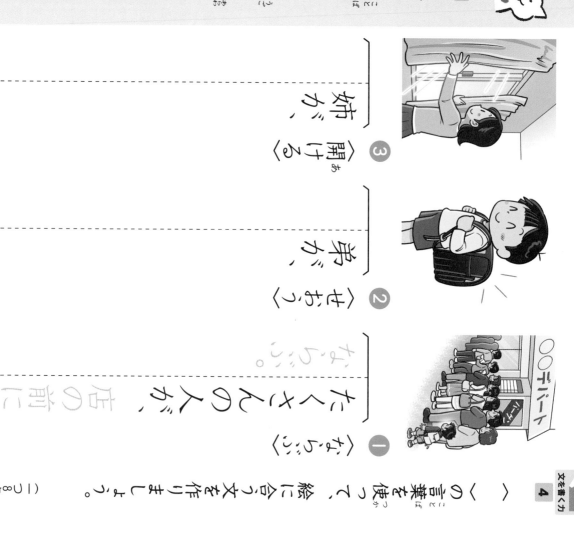

文を書く力 4

〈 〉の言葉を使って、絵に合った文を作りましょう。(1つ8点)

① 〈ならぶ〉
たくさんの人が、店の前に〔　　　　　　　　〕なんだ。

② 〈おす〉
弟が、〔　　　　　　　　　　　　　　　　〕

③ 〈開ける〉
姉が、〔　　　　　　　　　　　　　　　　〕

---

3 上の言葉に合うように下の言葉をえらんで、──でむすびましょう。(1つ6点)

① 父が、ボールを　　　・　　　・食べる。
② ジャイアントパンダは　・　　　・投げる。
③ 子犬がよちよち　　　・　　　・歩く。
④ だれかがとんとん　　・　　　・ねる。
⑤ 山の上から町の様子が　・　　　・開ける。
　　　　　　　　　　　　　　　・ながれる。
　　　　　　　　　　　　　　　・見える。

名前

月　日

はじめ　時　分
おわり　時　分
かかった時間　分

とく点　点

© くもん出版

1 次の言葉を、□に合う形で書きましょう。 （一つ4点）

① 聞く

聞[か]ない。

聞[き]ます。

聞[　]ば、

聞[　]う。

聞[　]だ。

② 走る

走[　]ない。

走[　]ます。

走[　]ば、

走[　]う。

走[　]だ。

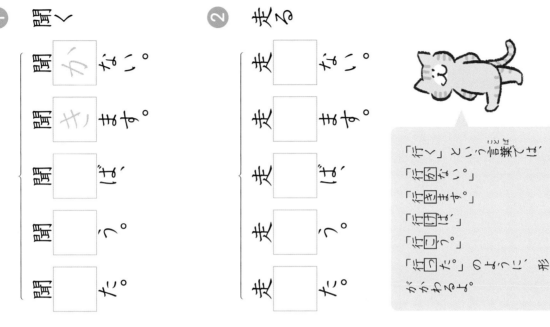

「行く」という言葉では、
「行[か]ない」
「行[き]ます。」
「行[　]ば、」
「行[こ]う。」
「行[っ]た。」のように、形がかわるよ。

17

2 〈　〉の言葉を、（　）に合う形にかえて書きましょう。 （一つ4点）

① 〈出す〉 引き出しからノートを（ 出し ）た。

② 〈通る〉 駅へ行くには、公園の前を（　　　）ない。

③ 〈進む〉 祭りのパレードが（　　　）だ。

④ 〈買う〉 今、店で（　　　）は、くじが引ける。

⑤ 〈泳ぐ〉 暑いのでプールで（　　　）う。

４ 〈　〉の言葉を、（　）に合う形に考えて書きましょう。（1つ4点）

① 〈歩く〉

子犬が公園まで（　　　　）て、くたくたに（　　　　）。

馬がゆっくり（　　　　）ます。

② 〈遊ぶ〉

父と（　　　　）のは、いつでも楽しい。

友だちと（　　　　）ときのこと、きけんな場所で（　　　　）な。

３ 〈　〉の言葉を、（　）に合う形に考えて書きましょう。（1つ4点）

① 〈切る〉

かれてしまった枝を（　　　　）だ。

まっすぐ紙を（　　　　）のは、むずかしい。

② 〈拾う〉

道で五十円玉を（　　　　）だ。

教室に落ちているごみを（　　　　）ます。

18

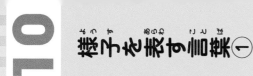

様子を表す言葉①

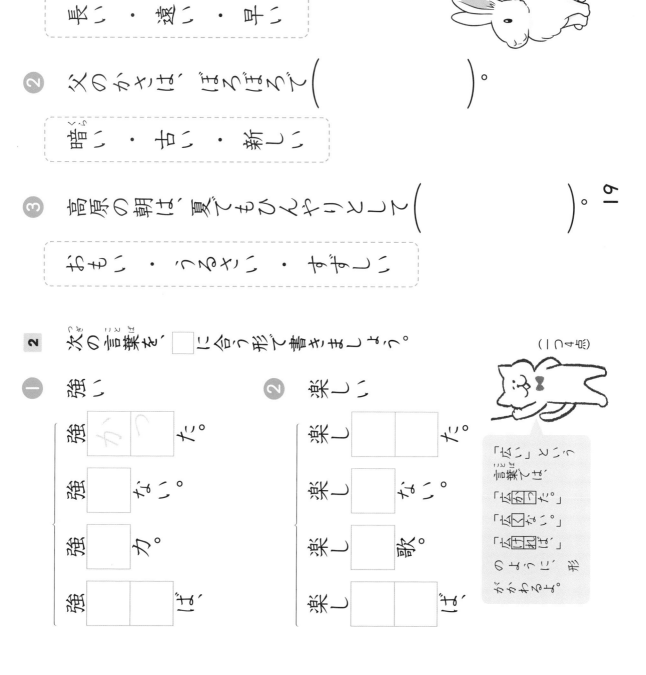

1 次の文にあてはまる様子を表す言葉を、◯◯◯からえらんで書きましょう。(一つ4点)

① ウサギの耳は、白くて（　　　　　）。

長い ・ 遠い ・ 早い

② 父のかさは、ぼろぼろで（　　　　　）。

暗い ・ 古い ・ 新しい

③ 高原の朝は、夏でもひんやりとして（　　　　　）。

おもい ・ つめたい ・ すずしい

2 次の言葉を、□に合う形で書きましょう。(一つ4点)

① 強い

強［か］［し］だ。

強□ない。

強□力。

強□□ば、

② 楽しい

楽し□□だ。

楽し□ない。

楽し□歌。

楽し□□ば、

「広い」という言葉は、
「広かっだ。」
「広□ない。」
「広□れば、」
のように 形がかわるよ。

4 〈　〉の言葉を、（　）に合う形にかえて書きましょう。（一つ5点）

② 〈美し〉
- 夜景はとても（　　　　）た。
- 外国の絵は（　　　　）い。あの絵は（　　　　）な。
- （　　　　）写真を見る。

① 〈重〉
- 荷物を出したら（　　　　）くなった。
- 父のかばんは（　　　　）た。
- 二人で運んだ（　　　　）ほど。

20

3 〈　〉の言葉を、（　）に合う形にかえて書きましょう。（一つ5点）

② 〈新し〉
- 駅前の店が、（　　　　）た。
- 入学式に出る妹の服は（　　　　）た。

① 〈多〉
- 公園の中は、（　　　　）た。
- 日曜日なので、動物園は人が（　多い　）た。

様子を表す言葉②

1 （　）に合う言葉を、□からえらんで書きましょう。（一つ6点）

① お寺のかねが（　ゴーン　）と鳴る。

② かみなりが（　　　　　）鳴って、雨がふってきた。

③ 花の近くで、みつばちが（　　　　　）とんでいる。

④ 風が強くて、まどガラスが（　　　　　）鳴った。

> ゴーン ・ ガタガタ ・ ゴロゴロ ・ ブンブン

21

2 （　）に合う言葉を、□からえらんで書きましょう。（一つ7点）

① テレビの画面を（　じっと　）見る。

② 太陽が（　　　　　）てりつける。

③ いすのあしが（　　　　　）している。

④ 大きな物音がして（　　　　　）する。

> じっと ・ びっくり ・ ぎらぎら ・ ぐらぐら

4 文を書く力 ▲

〔 〕の言葉を使って、絵に合う文を作りましょう。（1つ10点）

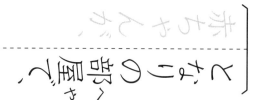

③〈ぐっすり〉
赤ちゃんが、〔 〕の部屋で、

②〈くるくる〉
風が、〔 〕風車が

①〈ぶらぶら〉
鉄ぼうに〔 〕足をぶらぶらさせる。

3 ──の言葉の使い方が正しい文に○、正しくないほうに×を、（ ）に入れてつけましょう。（1つ9点）

ア（ ）花畑は発表するじゅんばんがよくなった。

イ（ ）発表する順番が来たので、みんなの横にならんだ。

ウ（ ）ふくがどんどんよごれて、洋服の上にのぼった。

エ（ ）雨にぬれたので、ぬれた洋服をへやにほした。

オ（ ）虫歯にならないように、歯をみがいてねた。

カ（ ）バターをぬって、パンにのせて食べた。

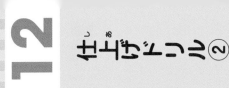

仕上げドリル②

1　□の文章を読んで、後の問題に答えましょう。

　妹と二人で歩いたとき、後ろから名前をよぶ声が聞こえた。ふり返ると、友だちの走るすがたが見えた。
　わたしたちは、友だちが来るのを待った。

● 動きを表す言葉すべてに、——を引きましょう。（一つ5点）

❷ 〈　〉の言葉を、（　）に合う形にかえて書きましょう。
（一つ6点）

① 〈歩く〉ろうかの右がわを（　　　　　　　）う。

② 〈よぶ〉大きな声で名前を（　　　　　　　）だ。

③ 〈ふり返る〉何度も（　　　　　　　）て見る。

④ 〈走る〉全力で（　　　　　　　）ば、息が切れる。

⑤ 〈待つ〉弟はぼくを（　　　　　　　）ないで、先に帰った。

1
2
3

③ ② ①

形を考えて書きましょう。（　）の後の言葉は注目して、正しい言葉が入るように。

---

2 □ つぎの文しょうを読んで、後の問題に答えましょう。

ぼくは、おとうさんに新しいくつを買ってもらって、家で使った。

ぼくは、テーブルがよごれていたので、テーブルをきれいにふいた。

ぼくは、そのことをおとうさんにはなした。

おとうさんは、一週間後に古いくつをはいて……び。

読み取る力 1 家で使ったことがわかる部分に、──を引きましょう。テーブルの様子がわかる部分に。(6点)

読み取る力 2 一週間後、家にとどいたことがわかる部分に、〜〜〜を引きましょう。テーブルの様子がわかる部分。(6点)

---

3 〈　〉の言葉を、（　）に合う形にかえて書きましょう。(1つ6点)

① 〈古い〉父が使っているくつは、（　　　　　　　）だ。

② 〈新しい〉駅前のビルは、（　　　　　　　）な。

---

4 「ぼく」の気持ちを表す言葉に、──を引きましょう。(6点)

24

国語辞典の使い方

1　国語辞典で、先に出ている言葉のほうに、○をつけましょう。
（1つ2点）

① （○）あし / （　）はう

② （　）かさ / （　）あり

③ （　）たこ / （　）りす

④ （　）にもつ / （　）じかん

⑤ （　）さか / （　）おか

⑥ （　）かいだん / （　）ちかてつ

> 国語辞典で 言葉は 五十音順（あいうえお…の順）に ならんでいるよ。 あいうえお…の 順で、あが 一番だよ。

25

2　国語辞典に出ている順に、番号をつけましょう。（全部できて1つ4点）

① （1）あめ / （2）はれ

② （　）あさ / （　）あか

③ （　）ねこ / （　）にもつ / （　）せみ

④ （　）うさぎ / （　）ねずみ / （　）たぬき

⑤ （　）かめ / （　）かぜ / （　）かさ

⑥ （　）つきみ / （　）つくし / （　）つくえ

> 一字目が同じときは、二字目をくらべるよ。 二字目も同じときは、三字目をくらべるよ。

3 ④

「ウ」の段だんの音おとで終おわり、言い切りの形は「ウ」の音おとで終おわり、言葉ことばは、動うごきを表あらわす様子ようすを表す言葉は、「い」の音で終わり、「い」「しい」で終わるよ。

④（　　　　）
⑤（　　　　）

①（　　　　）
②（　　　　）
③（　　　　）

> ②妹いもうとと公園こうえんに行った①。
> さいていて、
> はらはらと散ちって④、
> ひろって③みたら、
> 落おちてきた⑤花びらが
> 白しろかった。
> 遠とおくを見みる。

4 次つぎの——の言葉ことばを、国語辞典こくごじてんに出でている形（言い切りの形）に書かきかえましょう。（1つ8点てん）

26

④ 委員いいんや係かかりを新あたらしく決きめる。──（　　　　）

③ 大人おとな用ようのプールは深ふかかった。──（　　　　）

② みんなで荷物にもつを運はこんだ。──（　　　　）

① ゴールめざして思おもい切きり走はしった。──（　　　　）

〈れい〉
タ日ひが赤あかかった。──（ 赤い ）
家いえで本ほんを読よんだ。──（ 読む ）

3 ——の言葉ことばを、国語辞典こくごじてんに出でている形（言い切りの形）に書かきかえましょう。（1つ6点てん）

14 ローマ字①

はじめ　時　分　おわり　時　分　かかった時間　分　とく点　点　©くもん出版

1 次のローマ字の読み方を、ひらがなで書きましょう。(1つ2点)

① a（　あ　）　—ka（　）　—ika（　）　—sika（　）
② i（　）　—ki（　）　—uki（　）　—yuki（　）
③ e（　）　—me（　）　—ame（　）　—kame（　）
④ o（　）　—to（　）　—ito（　）　—hito（　）

2 次のローマ字の言葉の読み方を、ひらがなで書きましょう。(1つ4点)

① uma（　うま　）　
② kasa（　）　
③ kai（　）
④ negi（　）
⑤ eki（　）　
⑥ mado（　）

27

3 次の言葉を、ローマ字で書きましょう。 (1つ5点)

① いす
isu → isu

② ねこ
neko → ne

③ えび
ebi →

④ かぎ
kagi → ne

4 次の言葉を、ローマ字で書きましょう。 (1つ6点)

① かえる

② たぬき

③ めがね

④ すずめ

15

ローマ字②

名前

月　日

はじめ　時　分
おわり　時　分
かかった時間　分

とく点　点

© くもん出版

1 次のローマ字の言葉の読み方を、ひらがなで書きましょう。 (1つ5点)

① rakko （　らっこ　）　② ryôri （　　　　）

③ otôto （　　　　）　④ ozisan （　　　　）

⑤ pan'ya （　　　　）　⑥ gyûnyû（　　　　）

2 次の言葉の書き表し方が正しいほうを、◯でかこみましょう。 (1つ5点)

① いしゃ（医者）｜ (isya) ／ issa

② てつぼう（鉄ぼう）｜ tetubô ／ tetubou

③ しっぽ｜ sipo ／ sippo

④ しんゆう（親友）｜ sinyû ／ sin'yû

⑤ ひゃくえん（百円）｜ hyukuen ／ hyakuen

⑥ きょうしつ（教室）｜ kyûsitu ／ kyôsitu

29

3 次の人名や地名を、ローマ字で書きましょう。 (1つ4点)

ローマ字で表すときは、形のちがう大文字と小文字に注意しよう。「ボール」や「ロード」のように、のばす音があるよ。

① さとう けんじ ← Satô-Kenji

② かごしま ← Kagoshima

③ とうきょう ← TÔKYÔ

Sa

4 次の言葉を、ローマ字で書きましょう。 (1つ7点)

① あくしゅ

② がっこう (学校)

③ せんいん (船員)

④ びょういん (病院)

仕上げテスト③

1　□の文章を読んで、後の問題に答えましょう。

明日の時間わりは、国語、算数、音楽、理科、体育だ。

体育は水泳をする。水着を持っていう。明日、晴れ①ていたら、天気がよければ明日だ。いうことを持って②いう。今から楽しく③てわくわくしている。

● 次の言葉を、ローマ字で書きましょう。
(一つ8点)

31

① 国語

② 算数

③ 音楽

❷ ──の言葉を、国語辞典に出ている形（言い切りの形）で書きましょう。
(一つ10点)

① 晴れ①て →（　　　　　）

② 持っ②て →（　　　　　）

③ 楽し③く →（　　　　　）

32

2 次の文の——の言葉を、②や②のように使って、文を書きましょう。
終わりの言葉は、「。」で、晴れに「○」都会に「○」住に「○」「。」

① 住ん
で → （　　　　　　）

② 大き
く → （　　　　　　）

③ など
い → （　　　　　　）

（1もん□点）

② ——の言葉を、国語辞典に出ている形（言い切りの形）で、書きましょう。

① 東京

② おじいさん

（1もん8点）

①は「東京」の文字は、大文字でも小文字でも、どちらでもよいから、大きく書いてね。

1 次の言葉を、ローマ字で書きましょう。

とし子は、東京に①住んでいるおじさんの家に来た。おじさんは、ぼくのへやを見て、「②大きなへやだね。」と言って、ぼくの頭を③なでてくれた。

2 次の文章を読んで、後の問題に答えましょう。

1　次の部首をもつ漢字を書きましょう。　（1つ4点）

① 氵　…　水の [流] れが速い。　　□ ふか いプール。

② 阝　…　会社まで近い。　　もけいの □ ひん 品。

③ 宀　…　店のお □ きゃく 。　　きゃくを □ まも る。

2　同じ部首の漢字を書きましょう。　（1つ5点）

① ボールを [投] げる。　　紙くずを □ ひろ う。

② □ いと についた着がえる。　　□ いと き をすう。　　□ かな しい話。

③ 本を □ かえ す。　　□ お くり先の住所。　　前に □ すす む。

33

部首の意味を考えると、同じ部首の漢字のなかまがおぼえやすくなるよ。

4 次の部首をもつ漢字を、□の漢字からえらんでかきましょう。どれも同じ部首に関係があります。（1つ4点）

| 人・土・日・手・糸・水 |

① 土 …（　　）に関係がある。

② イ …（　　）に関係がある。

③ 氵 …（　　）に関係がある。

④ 扌 …（　　）手のはたらきに関係がある。

3 次のような同じ部首の漢字を書きましょう。（1つ5点）

① 「木」のような同じ部首の漢字を書きましょう。

[　　]を（きる）。
物を育てる。

2 「言葉」や「言うこと」に関係がある。

友だちと相[　　]う
[　　]する。
[　　]わす。

ゆかいな[　　]に関係がある。

漢字の組み立て

1 次の部分（部首）をもつ漢字を書きましょう。 （一つ4点）

① 糸…おり□がみ。　□えをかく。

② 雨…白い□くも。　□ゆきがふる。

③ 日…□がかがやく。　あたたかな□はる。

2 次の漢字を組み合わせた漢字を書きましょう。 （一つ2点）

① 田＋丁→ 町

② 土＋反→ 坂

③ 木＋直→ 植

④ 女＋市→ 姉

⑤ 口＋未→ 味

⑥ 木＋黄→ 横

⑦ 金＋失→ 鉄

⑧ 火＋田→ 畑

35

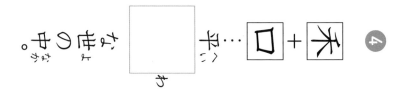

2〜4は、それぞれ「口」「日」「目」の位置がかわっています。組み合わせたときの「位置」と「形」の変化に注意しましょう。

4 次の漢字の部分を組み合わせた漢字を□に書きましょう。 (1つ5点)

① 女 + 台 → □ …… 音楽がしずかに（はじ）まる。

② 竹 + 相 → □ …… 大きなボール（ばこ）。

③ 金 + 艮 → □ …… メダルを取った選手（せん）。

④ 禾 + 口 → □ …… 平（わ）な世の中。

36

3 次の漢字の部分を組み合わせた漢字を書きましょう。 (1つ6点)

① 田 + 心 → □

② サ + 早 → □

③ 广 + 車 → □

④ 白 + 羽 → □

⑤ 禾 + 乙 → □

⑥ 竹 + 由 → □

名前

月　日

はじめ　時　分　おわり　時　分　かかった時間　分

点

とく点

ⓒくもん出版

1 （2年生のおさらい）次のなかまの言葉を▢からえらんで、漢字で書きましょう。

（一つ2点）

① 方角……　北　・　[　　]　・　[　　]　・　[　　]

② きせつ…　[　　]　・　[　　]　・　[　　]　・　[　　]

> きた・はる・なつ・みなみ・ひがし・あき・ふゆ・にし

2 次のなかまの言葉を漢字で書きましょう。

（一つ3点）

① 体……　[はな]　歌を歌う。　　[は]をみがく。

② 町……　東京[と]。　　秋田[けん]。　　町田[し]。

③ 気持ち…　[かな]しい。　　[く]るしい。　　[あんしん]。

④ スポーツ…　[すいえい]。　　[やきゅう]。

37

なかまの漢字には、おなじぶぶんをもつものがあるが、おぼえるときには、にている字があるので、よくちゅういしてみよう。

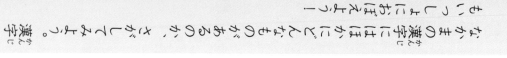

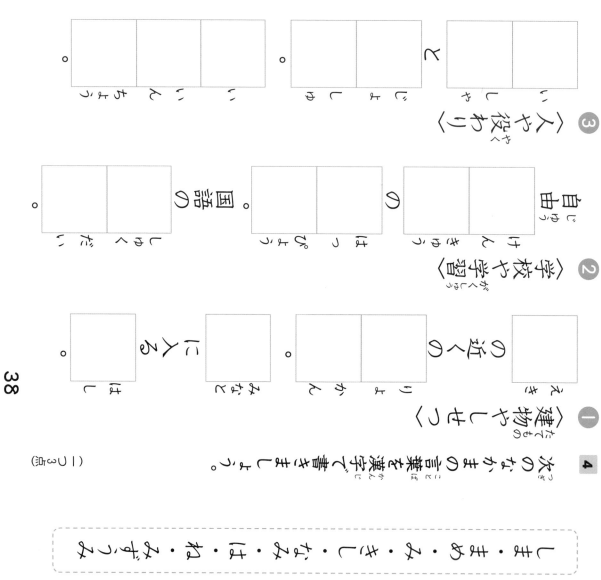

4 次のなかまの言葉を漢字で書きましょう。（１つ３点）

〈人やくわり〉

③
□□□。（しょうちょうい）

② 〈学校や学習〉
・□□の（きゅうじつ）
・国語の（じゅぎょう）
・自由け□□□（じゆうけんきゅう）

① 〈建物やしせつ〉
・えき物の□□（えきのたてもの）
・□□の近くの（こうえんのちかく）
・□にはいる（としょしつにはいる）

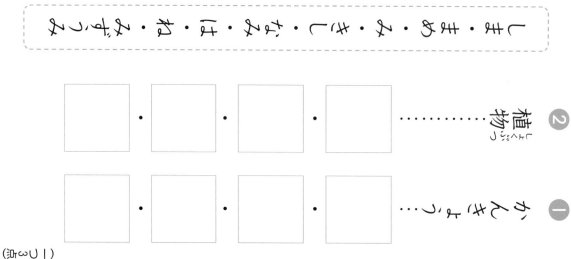

3 次のなかまの言葉を、□からえらんで、漢字で書きましょう。（１つ３点）

① かんきょう …… □ ・ □ ・ □

② 植物（しょくぶつ）…… □ ・ □ ・ □ ・ □

し・ます・め・きし・な・は・ね・だい・すい・み

©くもん出版

1　形に気をつけて、漢字を書きましょう。　（一つ3点）

① □（ご）後三時。
　□（うし）が草を食べる。

② 庭に□（い）けがある。
　平（たい）らな土（と）□。

③ □（あたら）しいくつ。
　ひなの□（おや）鳥。

④ 木と木の□（あいだ）。
　鳴き声が□（き）こえる。

2　――に合う漢字を、○でかこみましょう。　（一つ2点）

① はん｛(反) 返｝対（たい）がわ。

② こおり｛水 氷｝がとける。

③ しゅ｛注 主｝人公（じんこう）。

④ ぜん｛全 金｝部（ぶ）食べる。

⑤ メモちょう｛帳 長｝。

⑥ もう｛申 由｝しこみ用紙。

4 文を書く力

漢字のまちがいに――を引いて、右に正しく書きましょう。（1もん4点）

1 肉を由でたあと、味をつける。

2 店員が、注文したとおり、料理を運んできた。

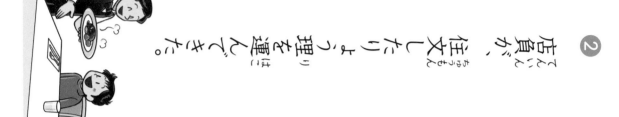

3 洋に向けて、えさの野やさいを役に入れた。

4 きつねが人間に化けて、北けるお話を読んだ。

3 形に気をつけて、漢字を書きましょう。（1もん4点）

3
まっすぐな道を□で切る。
急な坂が□□止まる。

1
四角い□□。

2
□が公園で□をもつ。

4
木の□□。
□紙にこむ。

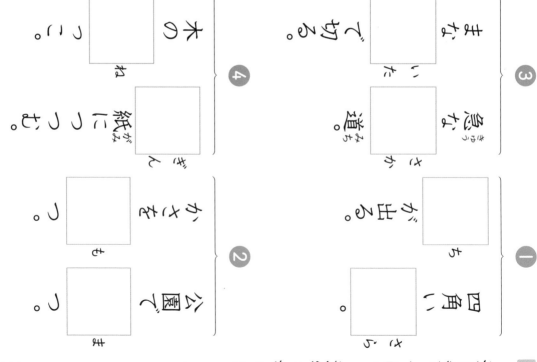

40

くもん出版

1 □と読む漢字を書きましょう。 （一つ3点）

2年生のおさらい！

① げん

気きに遊あそぶ。

広い草そう□。

② あ（う）

計算の答えが□う。

友だちに□う。

③ えん

足そくの用意よう。

動物どうぶつ□に行く。

④ あ（ける）

せきを□ける。

夜が□ける。

2 ──に合う漢字を、○でかこみましょう。 （一つ2点）

① 係かかりのし{仕/使}事ごと。

② 写しゃしん{神/真}をとる。

③ 校内放ほうそう{送/相}。

④ バスのしゅう{習/終}点てん。

⑤ こう{等/登}の賞品しょうひん。

⑥ クラスのだい{代/第}表ひょう。

41

文を書く力 4

同じ読み方をする「書」の漢字は、上の文字の上書きちがう。「書」の漢字の使い方がちがうので、おぼえ方に気をつけて書くように切る。

4 漢字のまちがいに——を引いて、右がわに正しく書きましょう。(1つ4点)

① 辺がくの小店で、新しい葉フラジを買った。 [ ] [ ]

② 人出の多い所では、実のまわりに柱意しよう。 [ ] [ ]

③ 学級会で決めて、支対には実者の世話をする。 [ ] [ ]

④ 先週、図書かんで決めて昼休みに帰るに帰った。 [ ] [ ]

3 メモの声ちょうに書く。 [ ] 子し [ ]

4 大がねにすを手にきます [ ] だ（う）

3 言葉の員に決める。 味。 [ ] ちょう

2 夜ジンに ほうって [ ] き（う） さ（る）

3 □と読む漢字を書きましょう。 [ ]

1 □と読む漢字を書きましょう。 [ ] い

2 □と読む漢字を書きましょう。 [ ] （う）

（1つ4点）

42

22 漢字を組み合わせた言葉

1 次の漢字に、[ ]の漢字を組み合わせて言葉を作ります。[ ]から漢字をえらんで、□に書きましょう。
（1つ4点）

① 日記 ・ 記□ ・ 記□

② 目□ ・ 目□ ・ 目□

③ □真 ・ □真 ・ □真

┌─────────────────────────────────┐
│ 日 ・ 分 ・ 写 ・ 由 ・ 号 ・ 実 ・ 意 ・ 事 ・ 習 │
└─────────────────────────────────┘

43

2 [ ]から漢字をえらんで、次の意味に合う言葉を作りましょう。
（1つ4点）

① 時間がながくかかること。‥‥‥‥‥‥ 長□

② 体のながさ。高さ。‥‥‥‥‥‥‥‥‥ □長

③ すぐれているところ。よいところ。‥‥ 長□

┌─────────────────────────────────┐
│ 身 ・ 短 ・ 所 ・ 月 ・ 期 │
└─────────────────────────────────┘

1〜3
4は、
3では、
4は、
のように
した言葉は
いう組み
のような
組み合わせ
の言葉や読み
せ方も
言葉の意味や
がしておきましょう
たえておこう
みよう！

大・小・回転・内外・白線・身体・短文

③〈れい〉青い＋空 → 青空
上の漢字が下の漢字を
（くわしくしている）もの
を

②〈れい〉学＋習 → 学習（がくしゅう）
にた意味の漢字を組み
合わせたもの。

①〈れい〉上＋下 → 上下（じょうげ）
反対の意味になるように
漢字を組み合わせた

（　　）　（　　）
（　　）　（　　）
（　　）　大小（だいしょう）

4 言葉の読みを
次の①〜③の
（　　）に分けて書きましょう。
ますしょう。
その
た。
（1つ3点）

③ 後〔　〕
① 左〔　〕
④ 弱〔　〕
② 長〔　〕

短・右・強・前

3 言葉を作りましょう。
漢字を作りましょう。
反対の意味に
なる漢字を組み
合わせる漢字を組み
合わせた

（1つ4点）

月　日　名前

はじめ　時　分
おわり　時　分
かかった時間　分
とく点　点

©くもん出版

1 □ の文章を読んで、後の問題に答えましょう。

期おきると、いつもは部屋が明るいのに、①

今日はくらかった。カーテンを明けると、②

そとは大雨だった。③

友だちと野急をするやくそくをしていた

が、いえて返ぶうことにした。④

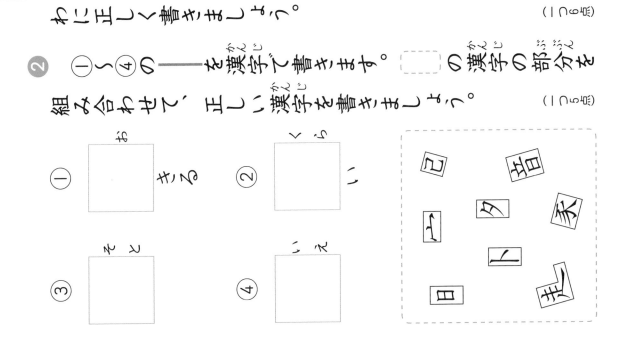

45

❶ 漢字のまちがいが四字あります。──を引いて、右がわに正しく書きましょう。 (一つ6点)

❷ ①〜④の──を漢字で書きます。□の漢字の部分を組み合わせて、正しい漢字を書きましょう。 (一つ5点)

① □ きる　　（お）

② □ い　　（くら）

③ □ と　　（そ）

④ □ え　　（い）

己　古

亠　夕　禾

ト

日　走

2

③ 三つの部分をそれぞれ組み合わせて、その漢字の意味を考えてみよう。

② 二つの漢字を組み合わせて、漢字の意味を考えてみよう。

①

③ しょうぶと同じように、同じ漢字を組み合わせてできた言葉を〔　〕から二つえらんで、書きましょう。（1つ5点）

〔 前方 ・ 前後 ・ 生活 ・ 死します ・ 明るい暗い ・ 暗く ・ 暗黒 〕

② しょうぶは、反対の意味になる漢字を組み合わせた言葉です。同じように、反対の意味になる漢字を組み合わせて書きましょう。（5点）

① ✎ 文を書く

漢字のまちがいが六文字あります。正しいかん字にして——を引いて、右がわに正しく書きましょう。（1つ6点）

2 □ の文章を読んで、後の問題に答えましょう。

きのう、母は、妹とわたしに、母の作ったおかしを、どちらがおいしいかしょうぶしようと言いました。

お正月に金ぜん都ぶ食べてしまって、母はクッキーのざいりょうを手に待っておいしいクッキーを作りました。

わたしは、母のクッキーが食べたくて、むちゅうでしょうぶをしました。

かなづかい

1 次の絵の言葉を、正しいかなづかいで書きましょう。　（一つ3点）

① 〔い　ー〕

② 〔み　　　〕

③ 〔せ　ー　　〕

④ 〔か゛　　　〕

2 かなづかいの正しい字を〈　〉からえらんで、□に書きましょう。

47

（一つ4点）

① わたし□、赤い ブラウス□ 着た。　〈わ・は〉〈お・を〉

② 今日、いも□とと 公園□ 行った。　〈う・お〉〈え・へ〉

③ 長い まつ□れつが、つづきました□く。　〈う・お〉〈ず・づ〉

④ こ□りを つかまえる ほうほ□を 教わる。　〈う・お〉〈う・お〉

言葉のあとにつける「は」「を」「へ」の使い方に注意しましょう。「は」「お」「え」、「わ」、「ん」、「つ」の書き分けにも気をつけます。また、ことばのあとにつける「は」「を」「へ」の使い分けにも気をつけましょう。

〈れい〉 つくえの うえに ノートが ある。

① はやく しごとを しなくては いけない。

② おねえさんの セーターが あたたかい。

③ とおくの おばさんが おねがいを きいてくれる。

④ はやく こっちへ こいと いわれる。

48

---

4 文を書く力

つぎの ――の ことばの まちがいを なおして、もじを ただしく なおして かきましょう。（1つ4てん）

① おおきな くじらの せなかに かもめが とまって います。

（　　　　　）（　　　　　）（　　　　　）

② おとうとは ひっぱって せんを ひきました。

（　　　　　）（　　　　　）（　　　　　）

---

3 ――の ことばの つかいかたが、正しければ ○を、まちがって いれば 正しく 書き直しましょう。（1つ4てん）

送りがな①

©くもん出版

名前

月　日

はじめ　時　分
おわり　時　分
かかった時間　分

とく点　点

1 ──の言葉の送りがなを書きましょう。　　　（一つ4点）

2年生の
おさらい

① あたらしい本を買う。　　新（　　　　　）

② 物音がきこえる。　　　　聞（　　　　　）

③ 始業式をおこなう。　　　行（　　　　　）

④ みんなでかんがえる。　　考（　　　　　）

漢字のあとにつづけて、読み方をはっきりさせるかなを「送りがな」というよ。

2 送りがなに注意して、──の漢字の読みがなを書きましょう。　　（一つ3点）

① （　すこ　）
　少　し食べる。

　（　　　　）
　人が少ない。

② （　　　　）
　道を教える。

　（　　　　）
　書き方を教わる。

③ （　　　　）
　細い糸。

　（　　　　）
　細かい部品。

④ （　　　　）
　重い箱。

　（　　　　）
　本を重ねる。

漢字 2　送りがな

4　——の言葉を、漢字と送りがなで書きましょう。（1つ6点）

②
- 庭に、わか草がはえる。（　　）
- いぬが十五年いきる。（　　）
- 赤ちゃんがうまれる。（　　）

①
- お茶を飲んだので、息がいきかえる。（　　）
- 夫のいのちがよみがえる。（　　）

3　——の言葉の送りがなが正しいほうを書きましょう。（1つ5点）

①（ 明　明 ）
- 部屋のあかりをつける。（　　）
- 山の上からあたりに、太陽が出る。（　　）

②（ 交　交 ）
- 女子の中から男子がまじる。（　　）
- 二本の線が中央でまじわる。（　　）

③（ 幸　幸 ）
- 毎日、しあわせにくらす。（　　）
- 妹にもしあわせがおとずれた。（　　）

50

名前

月 日
はじめ 時 分
おわり 時 分
かかった時間 分
とく点 点
©くもん出版

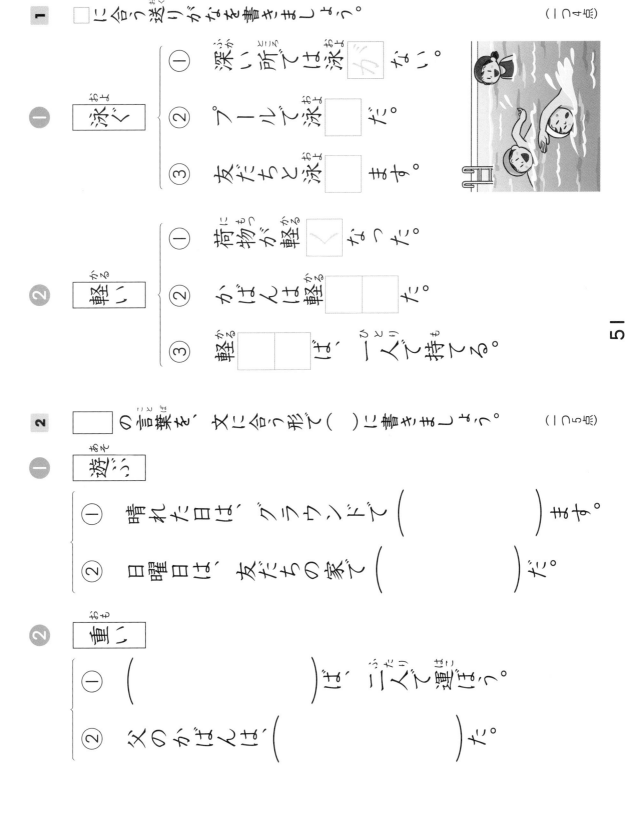

1 □に合う送りがなを書きましょう。　（一つ4点）

① 泳およぐ

(1) 深ふかい所ところでは泳およが ない。

(2) プールで泳およ だ。

(3) 友だちと泳およ ます。

② 軽かるい

(1) 荷物にもつが軽かる かった。

(2) かばんは軽かる だ。

(3) 軽かる は、一人ひとりで持もてる。

2 □の言葉ことばを、文に合う形で（ ）に書きましょう。　（一つ5点）

① 遊あそぶ

(1) 晴れた日は、グラウンドで（ ）ます。

(2) 日曜日は、友だちの家で（ ）だ。

② 重おもい

(1) （ ）は、三人さんにんで運はこぼう。

(2) 父のかばんは（ ）だ。

51

〈れい〉
ゲームをして楽しく遊ぶ。

④ ひもを一本に切ったのでみじかくなった。

③ ちょうじょうから美しいけしきが見えた。

② 父の代わりに母が話を聞いた。

① じゃ口から水がいきおいよく流れる。

52

送り——の言葉は、送りがなを正しく書きなおしましょう。ちがっています。送りがなが右がわに漢字と　（1つ7点）

④ 牛にゅうをあたためる。　　温（　　）

③ よろこびが顔にあらわれる。　　表（　　）

② 列を真っすぐにひとのえる。　　整（　　）

① 百科事典で言葉の送りがなを調べる。　　調（　　）

3 ——の言葉の送りがなを書きましょう。　（12点）

27

丸（。）、点（、）、
かぎ（「 」）の使い方

名前

月　日

はじめ　時　分
おわり　時　分
かかった時間　分

とく点　点

© くもん出版

1 次の文に、点（、）と丸（。）を一つずつ書きましょう。　（一つ5点）

① ［ わたしは 本を 何回も 読んで きた ］

② ［ 今日 学校で なわとびを した ］

③ ［ 公園へ 行くと 友だちが 待って いた ］

④ ［ 雨が ふって きたので かさを さした ］

53

2 意味の切れ目に注意して、次の文や文章に、点（、）を一つずつ書きましょう。　（一つ5点）

① ［ きれいな ちょうが 花畑を ひらひら とんだ。 ］

② ［ 電話を したけれど たかし君は いなかった。 ］

③ ［ 市の 図書館に 行った。
　　 でも 休みで 入れなかった。 ］

④ ［ 空が 暗く なって きた。
　　 すると 雨が ぽつぽつ ふって きた。 ］

③ かぎ（「」）は、人が話した言葉や文につける。

④ 点（、）は、文の意味の切れめにつけることがある。

---

4 文を書く

〈　〉の意味に合うように、点（、）を一つ打ちましょう。(1つ5点)

① 〈ねじ〉
「ぼうしはへいきんころんだよ。」

② 〈ブラシを使う〉
「わたしはプラシでけしゴムをけした。」

③ 〈着物を買う〉
「わたしはここではきものを買った。」

④ 〈医者で〉
「わたしはいしゃではきものを買った。」

54

---

3 文を書く

次の文章を読んで、かぎ（「」）とてん（、）を組んで書きましょう。(1つ8点)

① 妹は
おやすみなさい
と言ってドアのそとにいる人に言った。

② さあドッジボールだ君は
元気な声で
と、みんなに言ったよ。

名前

月　日

はじめ　時　分
おわり　時　分
かかった時間　分

とく点　　点

© くもん出版

1 □の文章を読んで、後の問題に答えましょう。

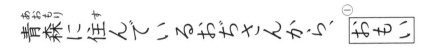

青森に住んでいるおじさんから、① おもい 荷物がとどいた。荷物を② あける と、箱にすめのりんごだった。それを見て、母はわ、たくさんあるから、毎日③ たべる ようにしよう。と、うれしそうに言った。

55

① かなづかいのまちがいが四字あります。──を引いて、右がわに正しく書きましょう。
（一つ6点）

② ①〜③の□の言葉を、漢字と送りがなで書きます。□の右がわに書きましょう。
（一つ6点）

③ かぎ（「　」）をひと組入れわすれています。文章にかぎ（「　」）を書きましょう。
（7点）

2 □ の文章を読んで、後の問題に答えましょう。

日曜日、ぼくたちは、父さんと山登りに出かけた。

① 止[まり]の□で□のぼったので、父さんはつかれたから、とちゅうで休んだ。

② □くらして□しまった。

③ こして□しまったけれど、大きないびきが聞こえてきたので、おかしかっただろう。

とちゅうで止まったから見た。

---

1 ▲文を書く力　右がなの正しいまちがいが三字あります。――を引いて、右に正しく書きましょう。（一つ6点）

2 右がなの正しい書き方。①〜③の□の言葉を、漢字と送りがなで書きましょう。（一つ6点）

3 ▲文を書く力　かぎ（「」）を一組書き入れましょう。「」をひと組入れるところが、文にわかれています。（「」を書きましょう。）（7点）

4 文章中の□に、点（・）を一つ入れましょう。（8点）

56

29 文の組み立て①

1 次の文の形を □ からえらんで、記号を書きましょう。(一つ6点)

① みつばちが とぶ。　　　（　　　）

② からすは 鳥だ。　　　　（　　　）

③ こんちゅう虫は 小さい。（　　　）

④ 大きな 魚が 泳ぐ。　　（　　　）

「何が（は）」を主語、
「どうする」「どんな
だ」「何だ」を述語
といいます。

> ア　何が（は）　どうする。
>
> イ　何が（は）　どんなだ。
>
> ウ　何が（は）　何だ。

57

2 次の文の主語（「何が（は）」「だれが（は）」）を書きましょう。

(一つ6点)

① 男の子が ボールを 投げる。（　　　　　）

② この 小さな 犬は、チワワです。（　　　　　）

③ 放課後の 教室は しずかだった。（　　　　　）

④ きのう、わたしは 本を 読んだ。（　　　　　）

4 次の文の主語を書きましょう。 (一つ8点)

① わたしの父は、今年で四十さいになります。

（　　　　　）

② おかの上から見る海は、きれいだ。

（　　　　　）

③ 池の中では、大きな魚が泳ぐ。

（　　　　　）

3 次の文の述語を書きましょう（「どうする」「どんなだ」「なんだ」「ある・いる・ない」）。 (一つ7点)

① リレーの選手が、トラックを走る。

（　　　　　）

② この細長い魚は、さんまです。

（　　　　　）

③ 先生のつくえの上に、花びんがある。

（　　　　　）

④ 市内のお祭りの夜は、とてもにぎやかだ。

（　　　　　）

58

文の組み立て②

1　次の文の形を ____ からえらんで、記号を書きましょう。(一つ7点)

① チューリップの 花畑が きれいだ。　（　　）

② 大きな ちょうが ひらひら とぶ。　（　　）

③ その 黄色い 小鳥は カナリアだ。　（　　）

④ つくえの 上に ノートが ある。　（　　）

```
ア　何が(は)　どうする。
イ　何が(は)　どんなだ。
ウ　何が(は)　何だ。
エ　何が(は)　ある(いる)。
```

それぞれの文の主語と述語をさがし、主語が何を表しているか、述語がどうしているかを考えよう。そして、それぞれの文の形を考えよう。

59

2　次の文の述語を書きましょう。　(一つ7点)

① 赤ちゃんの 手は 小さい。　（　　）

② 花の 中に はちが いる。　（　　）

③ わたしの 兄は 六年生です。　（　　）

④ 女の子が にこにこ わらう。　（　　）

それぞれの絵を表すように、絵を見ながら、「何が(は)」「何だ」「どんなだ」「ある」「いる」は述語だったね。

4 文を書く力
絵を見て、[　]◯─[　] と同じ形の文を作りましょう。 (一つ8点)

① [何が]─[どうする]
サルが

② [何が]─[どんなだ]
花だんの
花だん

③ [何は]─[何だ]

④ [何が]─[いる]

60

3 次の文の( )に、「ある」「いる」か、「は」を書きましょう。 (一つ4点)

① げんかんに、父のくつが（　　　）。

② 池には、たくさんの魚が（　　　）。

③ テーブルの上に、サラダが（　　　）。

31

くわしくする言葉①

名前

月　日

はじめ　　時　　分
おわり　　時　　分
かかった時間　　分

とく点

点

©くもん出版

1 2年生のおさらい！ □の言葉をくわしくしている言葉に、――を引きましょう。

（一つ6点）

① 白い　鳥が　空を　とぶ。

② 駅前に　高い　ビルが　ある。

③ 子犬が　ワンワン　鳴く。

④ 夜空の　星が　きらきら　かがやく。

●①②は「どんな」、
●③④は「どのように」
にあたる言葉に――を引
く。

19

2 ――の言葉をくわしくしている言葉を書きましょう。　（一つ7点）

① 母が　きれいな　着物を　着た。（　　　　　　　　）

② ぼくは　つめたい　水を　飲んだ。（　　　　　　　　）

3 ――の言葉をくわしくしている言葉を書きましょう。　（一つ7点）

① とびらが　ゆっくり　開いた。（　　　　　　　　）

② 小さい　魚が　すいすい　泳ぐ。（　　　　　　　　）

5 ——の言葉がさしている言葉を書きましょう。 (1つ8点)

① ゴールを目ざして、懸命に走った。

（　　　　　　　　　　）

② 花畑では、ちょうがひらひらと飛び回る。

（　　　　　　　　　　）

③ となりの部屋で、赤ちゃんが、気持ちよさそうにねむる。

（　　　　　　　　　　）

62

> 5は「これ」「この」「その」などを答えるよ。
> 4は「だれ」「どこ」の人が答えるよ。

4 ——の言葉がさしている言葉を書きましょう。 (1つ8点)

① 花だんに、たねをまいたので、すみれがさいた。

（　　　　　　　　　　）

② おばさんから、わたしに、人形をもらった。

（　　　　　　　　　　）

③ 向こうから、わたしに、男の人がやって来た。

（　　　　　　　　　　）

32

くわしくする言葉②

名前

月　日

はじめ　　時　　分
おわり　　時　　分
かかった時間　　　分

とく点　　点

©くもん出版

1 次の文から、「いつ」にあたる言葉を書きましょう。　　（1つ8点）

① 明日、バスに 乗って、遠足に 行く。

（　　　　　　　　　　）

② 日曜日に、家族で ドライブに 行きます。

（　　　　　　　　　　）

③ ぼくたちは、きのう リレーの 練習を した。

（　　　　　　　　　　）

1の「いつ」は時期、**2**の「どこ」は場所のことだよ。

63

2 次の文から、「どこで」にあたる言葉を書きましょう。　　（1つ8点）

① 土曜日に、友だちと プールで 泳いだ。

（　　　　　　　　　　）

② きのう 駅で 友だちの お母さんに 会った。

（　　　　　　　　　　）

③ 今日の 放課後、グラウンドで 草取りを した。

（　　　　　　　　　　）

「どうする」「どんなだ」「なんだ」は、「が」（は）がさす（しめす）ことをあらわす言葉だよ。

---

4 文を書く力 ▲

絵に合うように、次の形の文を作りましょう。 (1つ12点)

① 「だれが」「どこで」「どうした」。

［　男のすが　　　　　　　　　　　　　　　　　　　　　　　］

② 「どんな」「だれが」「何を」「どのように」「どうする」。

［　小さな　　　　　　　　　　　　　　　　　　　　　　　］

③ 「どんな」「何が」「何を」「どのように」「どうする」。

［　　　　　　　　　　　　　　　　　　　　　　　　　　　　］

---

3 絵に合うように、□の中にあてはまる言葉を、あとからえらんで書きましょう。 (1つ8点)

① かみなりが、遠く（　　　　　）鳴っている。

② たくさんの　さかなが、川の（　　　　　）深く　およいでいる。

［ ゴロゴロ ・ ピーピー ・ すいすい ・ おく ］

33 仕上げドリル⑥

月　日　名前　　　　　　　点

はじめ　時　分
おわり　時　分
かかった時間　　分

とく点

©くもん出版

1　□の文章を読んで、後の問題に答えましょう。

わたしの住む地方に、大きな湖があります。湖はとてもきれいです。それに、湖には、たくさんの魚がいます。

毎年冬になると、湖に氷がはります。

わたしの家族は、氷の上でわかさぎをつるのを、とても楽しみにしています。

❶　「何が（は）ある。」の文に、――を引きましょう。　（10点）

❷　「何が（は）いる。」の文に、〜〜を引きましょう。　（10点）

❸　「どんなだ」にあたる述語に、＝＝を引きましょう。（10点）

❹　わかさぎをつるのを楽しみにしているのは、だれですか。　（10点）

（　　　　　　　）

読み取る力

2　□の文章を読んで、後の問題に答えましょう。

> 教室でわたしはべんきょうした。わたしは、つかれたので、まどをあけた。教室は、わたしがべんきょうをしたいとき、わたしたちが大きくなって学校で大きくなった。わたしは、つかれたので、教室でべんきょうをしたいと思ったが、べんきょうが終わると、わたしは、きのうのキなど、わたしのきれいな教室は、ぴかぴかになった。

1　はじめの文から、次の①・②のわたしがわかることばを引きましょう。（1つ10点）

① 「だれが」のことばですか。
② 「どうした」のことばですか。

読み取る力　2　教室は、どのように「なった」としましたか。（10点）

（　　　　　　　　　　　　　　　　）

3　わたしは、「大きくなって」何をしたとしましたか。（1つ10点）

わたしは、（　▲何を　）（　▲どのように　）。

読み取る力　4　わたしは、「大きくなった」部分に～～～を引いて、あのように思いましょう。（10点）

わたしは、（　　　　　　　　　）た。

66

こそあど言葉①

1 ( )に合う言葉を、____からえらんで書きましょう。 （一つ5点）

① ( )は、ウサギです。

② ( )は、ウサギです。

③ ( )は、ウサギです。

④ ( )が、ウサギですか。

「これ」「それ」「あれ」「どれ」などの、「こ」であ「そ」であ「あ」であ「ど」ではじまった言葉を「こそあど言葉」といいます。

これ・それ・あれ・どれ

2 絵を見て、( )に合う「こそあど言葉」を書きましょう。 （一つ4点）

① 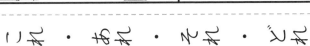 (これ)は、わたしのアルバムです。

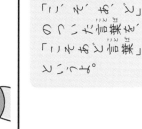

「これ」は、話し手に近いとき、「それ」は、相手に近いとき、に使うよ！

②  ( )は、ぼくのぼうしです。

「これ」「それ」「あれ」「どれ」、「この」「その」「あの」「どの」、「こんな」「そんな」「あんな」「どんな」などを、「こそあど言葉」といいます。

---

4 次のときに使う「こそあど言葉」を □ からえらんで書きましょう。
(一つ5点)

> あれ・どれ・その・この・そこ・ここ・どこ・あそこ・どんな

① 話し手に近いとき。　（　　　）・（　　　）

② 相手に近いとき。　（　　　）・（　　　）

③ 話し手からも相手からも遠いとき。　（　　　）・（　　　）

④ はっきりしないとき。　（　　　）・（　　　）

---

3 次の空いているところにあてはまる「こそあど言葉」を書きましょう。
(一つ4点)

	もの	場所	方向	様子
こ （話し手に近い）	これ①	ここ④	こちら⑥	こんな
そ （相手に近い）	それ	そこ②	そちら	そんな⑦
あ （話し手からも相手からも遠い）	あれ	あそこ③	あちら⑤	あんな
ど （はっきりしない）	どれ	どこ	どちら	どんな⑧

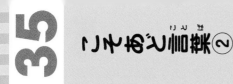

名前

月　日

はじめ　時　分
おわり　時　分
かかった時間　分

とく点　点

©くもん出版

1 絵を見て、（　）に合う「こそあど言葉」を、□からえらんで書きましょう。
（一つ5点）

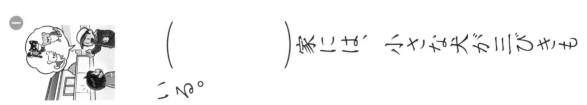

① （　　　　）家には、小さな犬が三びきもいる。

② （　　　　）にかさをわすれてきたのか、思い出せない。

┄┄┄┄┄┄┄┄┄┄┄┄┄┄┄┄
どの ・ あの ・ この ・ どこ
┄┄┄┄┄┄┄┄┄┄┄┄┄┄┄┄

69

2 （　）に合う「こそあど言葉」を、□からえらんで書きましょう。
（一つ10点）

① （　　　　）は、ぼくが使っている歯ブラシだ。

② （　　　　）黄色のくつ下は、わたしのです。

③ （　　　　）には、古い水車小屋がある。

④ （　　　　）ところに、花がさいているのだろう。

┄┄┄┄┄┄┄┄┄┄┄┄┄┄┄┄
この ・ そこ ・ これ ・ どんな
┄┄┄┄┄┄┄┄┄┄┄┄┄┄┄┄

「その」「これ」などのことばは、前に出てくる言葉とくらべて、前に出ている言葉を指すことが多いよ。

③ としょかんで、自分が本を読んだ。それに、自分がかいた絵がてんじするとき、これは、□にいくらい小さかった。

② お祭りに三びき買ったものだ。水そうに二ひきの金魚が泳いでいる。あれは、いつの前の

① しつもんのだれかが自分のハンカチを拾った。それは、□にいくらいだろう。それはだれが落と

読み取る力 ④ 「□」の「言葉」が、さしているものを文しょうから書きましょう。（1点×10）

---

④ （右ページ下）

① あなたは「これ」をどこで買いましたか。
あなたは（　　　　）をどこで買いましたか。

② 今日は、近くの公園へ遊びにいこう。
そこは、いつもぼくたちが遊んでいる場所だ。
今日は（　　　　）にいこう。

その・それ・これ・どこ・なに

③ ──の言葉をつかって、あてはまる言葉を文しょうからさがしてかきましょう。──の言葉を使って文しょうを作ります。（1点×10）

合う言葉を、あとからえらんで□にかきましょう。に（　）。

36

文をつなぐ言葉

1 「だから」「しかし」のうち、（　）に合う言葉を書きましょう。

（一つ6点）

① 日がさしている。（　だから　）、
ぼうしをかぶって出かけた。

② 日がさしている。（　　　　　）、
風がつめたくて、寒かった。

③ 日がさしている。（　　　　　）、
上着をぬいだ。

> 文をつなぐ言葉を使うと、前の文と後の文の意味のつながりがはっきりするよ。

2 （　）に合う言葉を、□□□からえらんで書きましょう。　（一つ8点）

① 雨がふってきた。（　それで　）、ぬれてしまった。

② 笛の練習をした。（　　　　　）、上手にふけなかった。

③ バナナを食べた。（　　　　　）、パンも食べた。

④ 日曜日は、公園で遊びますか。（　それとも　）、
家の中で遊びますか。

さらに ・ でも ・ それで ・ それとも

「だから」「それで」は、前の文がげんいんになって、そのけっかが後の文につづくときにつかいます。

「でも」「しかし」は、前の文とはんたいの文が後の文につづくときにつかいます。

④ 文を書く力

総合 絵に合うように、次の言葉につづけて、文を作りましょう。 (1つ10てん)

①  暑くて、のどがかわいた。だから、〔　　　　　　　　〕

②  花にたねをまいた。でも、〔　　　　　　　　〕

③  ケーキを二こ食べた。また、〔　　　　　　　　〕

そして ・ それと ・ また ・ しかし ・ に ・ から ・ でも ・ それで

② ごはんをたくさん食べた。 [だから] 、おなかがいっぱいになった。

（　　　　　　　　　）

① 本屋さんに行った。 [でも] 、今日は定休日だった。

（　　　　　　　　　）

③ □の言葉と同じはたらきをする言葉を、〔　　　〕からえらんで書きましょう。 (1つ10てん)

37

いろいろな言い方 ①

1 ——の言葉を、すぎたことを表す言い方に書きかえましょう。

(一つ6点)

① みんなで校庭を二周走る。（　走った　）

② 朝の六時に目がさめる。（　　　　　）

③ 朝食には、ミルクを飲む。（　　　　　）

④ 音楽の教科書を開く。（　　　　　）

2 ——の言葉を、ていねいな言い方に書きかえましょう。(一つ6点)

① 父が、古新聞をひもでしばる。

（　しばります　）

② 姉は、毎朝、家を早く出ていく。

（　　　　　）

③ きょうは、雨がふらなかった。

（　　　　　）

④ ペンギンが、水の中にもぐった。

（　　　　　）

©くもん出版

文を書く 4

4 次の文を、ぶんまつの言い方をていねいな言い方に書きかえましょう。

（一つ7点）

① ほんとうに気温をはかってみたら、ひくかった。

（　　　　　　　　　　　　　　　　　）

② あの白いたて物は駅です。

（　　　　　　　　　　　　　　　　　）

③ 今日は、天気がよくない。

（　　　　　　　　　　　　　　　　　）

④ このことを本で調べてみよう。

（　　　　　　　　　　　　　　　　　）

74

3 ——の言葉を、ていねいにあらわすときの言い方に書きかえましょう。

（一つ6点）

① きのうから急に気温が集へ<u>なる</u>。

（　　　　　　　　　）

② いつもより早く学校に<u>着く</u>。

（　　　　　　　　　）

③ みんなですこし運動場に<u>運ぶ</u>。

（　　　　　　　　　）

④ 今日、新しい泳ぎ方を<u>習う</u>。

（　　　　　　　　　）

名前

月　日

はじめ　時　分
おわり　時　分
かかった時間　分

とく点

点

© くもん出版

1 ──の言葉を、「そうだ」を使って、人から聞いた言い方に書きかえましょう。（一つ5点）

① 兄は学校へ行った。
（　行ったそうだ　）

② 父はおそく帰った。
（　　　　　　　）

③ あそこは工場だ。
（　　　　　　　）

> 言葉の後に「そうだ」や「ということだ」をつけると、人から聞いた言い方になるよ。

2 次の文は、どんな言い方の文ですか。□からえらんで、記号を書きましょう。（一つ6点）

① 早く、この荷物を運びなさい。（　）
② 早く荷物を運びましょう。（　）
③ 早く荷物を運んでください。（　）
④ どの荷物を運びますか。（　）

> 文の終わりの言い方のちがいに注目しましょう！

ア　たずねる言い方。　　イ　命令する言い方。
ウ　さそう言い方。　　エ　たのむ言い方。

75

作文の終わりなどに使うことば、「～ように」「～ようだ」「～ような」「～ようです」のような言い方ができます。

---

4 文を書く力

――の言葉を、〈 〉の言い方にかえて、文を書きかえましょう。(1つ10点)

① ケーキは<u>すき</u>です。〈たずねる言い方〉

（　　　　　　　　　　　）

② やの道具を<u>かたづける</u>。〈命令する言い方〉

（　　　　　　　　　　　）

③ 友だちとゲームで<u>遊ぶ</u>。〈ていねいな言い方〉

（　　　　　　　　　　　）

④ 今日はプールで<u>泳ぐ</u>。〈さそう言い方〉

（　　　　　　　　　　　）

---

3 ――の言葉を、〈 〉の言葉を使って、様子をおしはかる言い方にかえましょう。(1つ7点)

① 妹は八時に<u>ねる</u>。
〈だろう〉

（　　　　　　　　　　　）

② 父が会社から<u>帰った</u>。
〈ようだ〉

（　　　　　　　　　　　）

③ はちがすを<u>作った</u>。
〈らしい〉

（　　　　　　　　　　　）

76

いろいろな言い方③

1 言い方が正しい文に、○をつけましょう。　(一つ5点)

2年生の
おさらい

①
- (　) 子犬は、えさや水を飲んだ。
- (　) 子犬は、えさを食べ、水を飲んだ。

②
- (　) テレビを見たり、本を読んだりした。
- (　) テレビを見たり、本を読んだ。

2 ——の使い方が正しい文に、○をつけましょう。　(一つ5点)

①
- (　) あの人は、__まるで__太陽のように明るい。
- (　) 家が寒くて、__まるで__氷の中にいる。

②
- (　) いのくやは、夜の__ように__暗さだ。
- (　) いのくやは、夜の__ように__暗い。

77

3 たとえる言い方の文になるように、(　)に「ように」か「ような」を書きましょう。　(一つ10点)

① いくらの (　　　　　) はおが赤くなる。

② あのねいは、雪の (　　　　　) 白い。

③ おしろの (　　　　　) ケーキが、かざってあった。

> 「ように」や「ような」を使うと、たとえる言い方になるよ。

5 文を書く力 ▲

次の文を、正しく書き直しましょう。 (1つ10点)

〈れい〉
パン、食べる。ミルク、飲んだ。
→ パンを食べる。ミルクを飲んだ。

① ふねは、ゆっくりうごいた。

(　　　　　　　　　　　　　　)

② 夏休みに、海や山に登った。

(　　　　　　　　　　　　　　)

③ 本を読んだ。ゲームで遊んだ。

(　　　　　　　　　　　　　　)

4 次の文は、──の言葉を、何にたとえていますか。さがしてこたえましょう。 (1つ10点)

〈れい〉
両手は、氷のようにつめたくなった。 → (海)

① 両手は、氷のようにつめたくなった。

(　　　　　　　　　　　　　　)

② 花びらは、雪のようにひらひらとちった。

(　　　　　　　　　　　　　　)

名前

月 日

はじめ 時 分　おわり 時 分　かかった時間 分

とく点 点

© くもん出版

1 ［　］の文章を読んで、後の問題に答えましょう。

土曜日に、わたしは近くの公園へ遊びに行った。そこは、いつも犬の散歩をしている人が、たくさんいるところだ。
［　　］、その日は、犬の散歩をしている人は、一人もいませんでした。

79

① 読み取る力 「そこ」がさしていることがらに、――を引きましょう。(10点)

② 「犬の散歩をしている人」を、「こそあど言葉」を使って書きかえます。よいものに、○をつけましょう。(10点)

ア（　　）このような人

イ（　　）どのような人

ウ（　　）そのような人

③ ［　］に合う言葉をえらんで、○をつけましょう。(10点)

ア（　　）だから　　イ（　　）しかし　　ウ（　　）さらに

④ 文を書く力 ［いませんでした］を、ふつうの言い方に書きかえましょう。(10点)

（　　　　　　　　　　　）

2　読み取る力

2　□の文しょうを読んで、後の問だいに答えましょう。

「今日、わたしのクラスに北海道から転校生がやって来たよ。」

その人は、わたしのクラスに来たのかな。

わたしは、その人に聞いた。「どこから来たの。」

と、わたしは答えてくれた。

その人は、北海道から来たんだよ。

「今日、わたしのクラスに北海道から転校生がやって来ました。」

---

① 様子をおしはかって言う言い方に——を引きました。その言い方を別の言い方に書きかえましょう。(10点)

② 「やって来ました」を、ぶんしょうの言い方に書きかえましょう。(10点)

（　　　　　　　　　　　　　　　　）

③ 読み取る力　その人 は、漢字三字で書きますが、それはだれのことですか。(15点)

④ □に合う言葉を、あとからえらんで○をつけましょう。(10点)

⑤ 読み取る力　~~~の言葉を別の何に直しましたか。それがわかる言葉とそれを別の言い方にする言葉は。(15点)

ア（　　　）
イ（　　　）しかし
ウ（　　　）

41 テスト①

名前

月 日

はじめ 時 分
おわり 時 分
かかった時間 分

とく点 点

©くもん出版

1 次の文章を読んで、下の問題に答えましょう。

メンコは五つ。つくしんぼうを送るように──
まま、だ。

メンコは毎日たいくつだ。つくしんぼうを送るように──

メンコは毎日たいくつだ。大人たちは、毎日を送っているんだろう。

メンコの生きがいは、つくしんぼうのメンコのように遊んでいる者は、一人だけ。ほかのメンコがみんな大人だからだ。つくしんぼうのメンコが少しおもしろくなると、大人たちは夢中になって、「閉口」*してしまう。ソレンコが「遊ぼう」と言っても、おとうちゃんも、おかあちゃんも、行ってしまう。村のおとなたちは、あいちゃんも、あんちゃんも、おばあちゃんも、そうだ。あそんでくれないのだ。

(略)

*閉口…どうにもならなくなり、こまってしまうこと。

● ( )に合う言葉を書きましょう。
(一つ10点)

① ソレンコは（ 　　　　 ）の子ども。

② ソレンコのように（ 　　　　 ）に生きたり、生きたりしているのメンコは毎日（ 　　　　 ）ことだ。

③ つくしんぼうのメンコは毎日（ 　　　　 ）している。

81

② ソレンコが、少しおもしろくなって、夢中になると、大人たちは、どうするのですか。
(一つ10点)

① （ 　　　　 ）に（ 　　　　 ）してしまい、

② （ 　　　　 ）くれなくなる。

（平成23年度版
教育出版
小学国語3下
130〜
135ページ
『ハナヒカメン』
斎藤隆介

で、遊び相手も
いなくてつまらなかったんだ。遊んでくれてありがとう。これからも、毎日あそびに来たいな。でも、いいかい。」

　すると、コメンを少したおまえ言ってい、おにいさんなへんじをしました。かおをにじたとりのおにいさんは、「なんだい。」

①「コメンが、ぼく、えらいんだって。えらいんだって。」と、一人が言いました。（はる）

　コメンは、「今日はおれたちとあそんでくれて、ありがとうな。」

あ「草原にコメンが来た。コメンが来たぞ。みんな、草を持ってにげろ。」

草原にいたけものたちは、草を持ってにげていきました。

コメンは、草原にやってきました。コメンは、

82

❺ コメンの前にすわっていたのは、だれですか。（10点）

　あ（　　　）

　い（　　　）

❹ あ・い言葉ですが。（1つ10点）

　①草　②草原

　（　　　）

❸ コメンは、次の日に見たものを何をしましたか。（10点）

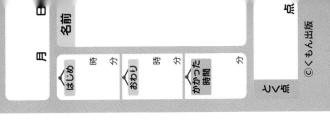

名前

月　日

はじめ　時　分
おわり　時　分
かかった時間　分

とく点　点

© くもん出版

1　次の文章を読んで、下の問題に答えましょう。

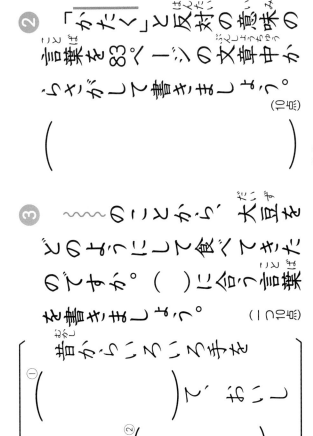

大豆は、ダイズという植物のたねです。

ダイズのさやの中には、二つか三つのたねが入っています。これが大豆で、大豆は、さやの中のたねが十分に育って、かたくなります。かたくなっただねは、そのままでは食べにくく、消化もよくありません。そのため、昔からいろいろ手をくわえて、おいしく食べるくふうをしてきました。

いちばん分かりやすいのは、大豆をその形のままやわらかくおいしくするくふうです。に豆は、大豆をやわらかくにて、おいしく味つけしたものです。

① ダイズのたねは、どこに入っていますか。(15点)

（　　　　　　　　）

② 「かたく」と反対の意味の言葉を83ページの文章中からさがして書きましょう。(10点)

（　　　　　　　　）

83

③ 〜〜〜のことから、大豆をどのようにして食べてきたのですか。（　）に合う言葉を書きましょう。(一つ10点)

昔からいろいろ手を
① （　　　　　　）て、おいしく食べる
② （　　　　　　）を
してきた。

大豆は、いろいろなすがたで食べられているのですね。

（令和2年度版　光村図書　国語三下　42〜47ページ　『すがたをかえる大豆』国分牧衛）

て、へらにすりつぶします。すりつぶしたものをしぼり出します。そのしぼり出したしるに、にがりというものをくわえると、かたまって、とうふになります。

これらのほかに、とり入れる時期や育て方をくふうした食べ方もあります。ダイズを、まだ大切なえいようだけを取り出して、ちがう食品にするくふうもあります。水につけてやわらかくした大豆をすりつぶし

次の、色の黒い大豆など、使われ方によっていろいろな大豆があります。黒豆にうるのも、いるのに止めるのも、白っぽいダイズ、青大豆など、使われるものによってちがいます。

□には、ダイズ、いろいろな□です。

④ 大豆は、どんなものに作りかえられますか。（15点）

[　　　　　　　　　　　　　　　　　　　]

⑤ ──「これ」とは、大豆をどうしたものですか。（15点）

[　　　　　　　　　　　　　　　　　　　]

⑥ □に合う言葉を、次からえらんで、○を
ア（　）　イ（　）　ウ（　）
（10点）

⑦ 大豆をいって、こなにひいた食品は、何で取りが、うえのだいだけを取り出してつくる食品はしょくひんとして出されてよい
（15点）

84

43 テスト③

名前

月　日

はじめ　時　分
おわり　時　分
かかった時間　分

とく点　点

©くもん出版

1 次の文章を読んで、下の問題に答えましょう。

豆太ほど おくびょうな やつは ない。もう 五つに なったんだから、夜中に 一人で せっちん*ぐらいに 行けるだろう。ところが、豆太は、せっちんは 表に あるし、表には 大きな モチモチの 木が つっ立って いて、空いっぱいの かみの毛を バサバサと 両手で わあっと ひろげるから、夜中には もう とっても こわくて 一人では いけないのだ。

全く、豆太ほど おくびょうな やつは ない。

けれど、豆太は、せっちんぐらいに 大きな 声で 言って おくびょうだなんて いえない。

それなのに、どうして 豆太だけが、こんなに おくびょうなんだろうか――。

じさまは、ぐっすり ねむって いる 真夜中に、豆太が「じさまぁ。」って、どんなに 小さな 声で 言っても、「しょんべんか。」と、すぐ 目を さました。

*せっちん…べんじょのこと。

① どうして、豆太を「おくびょう」だと言っているのですか。（10点）

［_____］

② 「一人では いけない」のは、どうしてですか。（　）に合う言葉を書きましょう。（一つ10点）

せっちんが（ ① ）に あるし、表には 大きな（ ② ）が あるから。

③ 「モチモチの 木」の 様子について、（　）に合う言葉を書きましょう。（一つ10点）

空（ ① ）の かみの毛を（ ② ）と いうように、両手を（ ③ ）と あけて。

85

＊青じし……青い色をしたしかのこと。
＊もちもちの木……とちの木のこと。

――木をそれなのに、

あんなおくびょう豆太が、どうして、医者様をよびに、ふもとまで行けたんだろう。――

霜月二十日のばんに、豆太は、頭をぶつけながら、じさまのところへ、医者様をよびに行った。

自分だけが、こんな見事なものを見られて、みんなに、それをじまんして、山の神様がびっくりして、見事な大きなものを見せてくれたんだ。

けれども、豆太は、小屋に入るとき、自分だけのこと、しかられても、目をさます、じさまを起こしたとさ。

④（85ページ）

―――してくれますが、「すてきてんす」の目をさますことでしょうか。書きましょう。（1つ10点）

⑤ 豆太と豆太のおとうさんは、

どんな人ですか。ことばを書きましょう。（1つ10点）

（　　　　　　　　　　　　）

（　　　　　　　　　　　　）

⑥ 語り手は、豆太のことを どう思っていますか。（10点）

（　　　　　　　　　　　　）

3年生

言葉と文のきまり

答え

● 文や文章を使った問題では、文章中の言葉を正かいとしています。

● れいの答えは、同じような内ようが書けられれば正かいです。

● 〈　〉は、ほかの答え方です。

● 漢字やローマ字の言葉を書く問題では、全部書けて、一つの正かいとします。

1 一年生のふくしゅう① ページ1・2

1
- ① イギリス・シンデレラ
- ② ランドセル・ビスケット
- ③ ケロケロ・チョンチョン
- ④ ザーザー（ザアザア）・ぐんぐん
- ※①〜④は、じゅんじょがちがってもよい。

2
- ① 新しい ② はく
- ③ 前 ④ 買う

3
- ① 走りまる
- ② 持ち運ぶ
- ③ 見守る
- ④ とびはねる

4
- ① ガチャン ② ぐさぐさ
- ③ そよそよ ④ ふわふわ
- ⑤ つるつる

2 一年生のふくしゅう② ページ3・4

1
- ① 「行ってきます。」
- ② 「いただきます。」
- ③ 「おやすみ。」

2
- ① 主語…町は　述語…しずかだ
- ② 主語…犬は　述語…ワワだ
- ③ 主語…兄が　述語…泳ぐ

3
- ① 走ります
- ② 行きます
- ③ 学校です
- ④ わかりません

4
- ① れい だから、わたしはかさをさした。
- ② れい でも、おなかがすいた。
- ③ れい むかし、金魚はえさを食べなかった。

3 なかまの言葉 ページ5・6

1
- ① だいこん
- ② ライオン
- ③ シャツ
- ④ 汽船

2
- ① 虫 ② おかし
- ③ 魚 ④ くだもの

3
- ① さんま ② 鳥
- ③ つばめ ④ えんぴつ
- ⑤ ノート ⑥ 下じき
- ⑦ 道具 ⑧ かっき
- ⑨ ハーモニカ ⑩ だいこん
- ※①〜⑥・⑧〜⑩は、じゅんじょがちがってもよい。

4 組み合わせた言葉① ページ7・8

1
- ① 夏休み ② こな雪
- ③ おり紙 ④ なき顔
- ⑤ 早口 ⑥ 近道 発表

2
- ① れい 運動会・発表会
- ② れい 人気者・悪者・わか者
- ③ れい 生き物・飲み物・落とし物

3
- イ・エ・カ・ク

4
- ① そら
- ② はこ
- ③ わらいばなし
- ④ なげる
- ⑤ ながら
- ⑥ ぬけがら

ポイント

④「なげる」、⑤「ながら」と言い切りの形で答えるよ。

87

7 仕上げテスト①
ページ13・14

④ 〈後〉
③ まわり
② ひ
① ちょう

※——線が引かれているほうです。

1 ① ちょう
② ひ
③ まわり
④ (一) 通る＋すぎる
② くと＋回る

2
④ 拾う
⑤ 勝つ
⑥ 終わる
① 音
② 内
③ 開ける
① 深い
② 速い
③ 短い
① 暗い
② 軽い
③ 寒い・暗い・深い

3
4 ① 着る
② ぬぐ
③ むすぶ

6 反対の意味の言葉
ページ11・12

ポイント
⑤「あつい」のように、いみがいくつもある言葉には、⑨「うすい」、⑩「さむい」のように、反対の言葉もいくつかあるので気をつけよう。

2 ① 切る
② 取る
③ 通す
④ はずす

3 ① 回る
② すぎる
④ 通す

1 ① すてる
② たべる
③ おしえる
④ にげる
⑤ おきる
⑥ ねむる
⑦ おこる
⑧ なく
⑨ かつ
⑩ あわれ

5 組み合わせた言葉②
ページ9・10

（右ページ上部の答え欄）

---

9 動きを表す言葉②
ページ17・18

4 ① 開く
② 閉じる
③ 黒い人がいる
④ 歩く・ねる
⑤ 聞こえる

（線で結ぶ問題）
3 ① わらう
② たべる
③ なげる
④ のぞく

8 動きを表す言葉①
ページ15・16

3 ① 明るい
② 弱い
2 ① 入れる＋かえる
② 入れかえる
③（ア）入る

（左側の大きな囲み）
ポイント
① 間は「走る」「とぶ」などのように、「―」「う」「る」だけでかわる形です。②「走れば」「走ります」「走らない」「走ろう」などのように、間の「―」「る」などのかわる形ではありません。

1 ① いこう
② つくれり

4 ① 歩き
② 切る
③ 進ん
④ 買え
⑤ 深い
② ② 拾い
③ 遊ん

② ① 歩こ
② 通ら
② ② 切っ
② 遊ぶ

10 様子を表す言葉① ページ19・20

1 ① 長い ② 古い
③ すずしい

2 ① かっ／いく／けれ ② かっ／いく／けれ

3 ① 多かっ／多く ② 新しか／新しく

4 ① 重かっ／重けれ／重く
② 美しく／美しい／美しか／美しう

11 様子を表す言葉② ページ21・22

1 ① ゴーン ② ゴロゴロ ③ ブンブン ④ ガタガタ

ポイント
どれも、音を表す言葉だよ。

2 ① じっと ② きらきら ③ ぐらぐら ④ びっくり

3 イ・ウ・カ

ポイント
ア「びくびく」は「こわがる様子」、エ「びっくり」は「おどろく様子」、オ「じろじろ」チは「人目を気にしないで、じっと見る様子」を表すよ。

4 ① 鉄ぼうにぶら下がって、足をぶらぶらさせる。
② れい 風がふいて、風車がくるくる回る。
③ れい となりの部屋で、赤ちゃんがぐっすりねている。

12 仕上げドリル② ページ23・24

1 ① 歩い(た)・よぶ・聞こえ(た)・ふり返る・走る・見え(た)・来る・待っ(た)

② ①歩こ ②よん ③ふり返っ ④走れ ⑤待た

2 ① 古くくらべてした
② びか／びか(の)
③ ①古か ②新しく
④ (とても)うれしかった

13 国語辞典の使い方 ページ25・26

1 ① (○)( ) ② ( )(○)
③ (○)( ) ④ ( )(○)
⑤ ( )(○) ⑥ (○)( )

2 ① (1)(2) ② (2)(1)
③ (3)(1)(2) ④ (1)(3)(2)
⑤ (3)(2)(1) ⑥ (1)(3)(2)

3 ① 走る ② 運ぶ
③ 深い ④ 新しい

4 ① 行く ② 落ちる ③ 拾う
④ うすい ⑤ 白い

2
① isya（isha）
② tetubô（tetsubô）
③ sippo（shippo）
④ sin'yû（shin'yû）
⑤ hyakuen
⑥ kyôsitu（kyôshitsu）

---

15 ローマ字② ペ29・ジ30

1
① らっこ
② りょうり
③ おとうと
④ おじいさん
⑤ はんや
⑥ ぎゅうにゅう

ポイント
ローマ字の書き方やー線のはばは決まっていません。

2
① kaeru
② tanuki
③ megane
④ suzume

---

14 ローマ字① ペ27・ジ28

1
① あ—か—い—か—し—か
② い—き—う—き—ゆき
③ え—め—あ—め—かめ
④ お—と—い—と—ひと

2
① うま
② かさ
③ ねぎ
④ えき
⑤ えと
⑥ まど

3
① akusyu（akushu）
② gakkô
③ sen'in
④ byôin

---

16 仕上げドリル③ ペ31・ジ32

1
① kokugo
② sansû
③ ongaku

2
①（一）tôkyô（TÔKYÔ）（二）ozîsan（ojîsan）
②（一）晴れる（二）持つ（三）ongaku

---

17 同じ部首の漢字 ペ33・ジ34

1
①（一）住む（二）大きい
②（一）楽しい（二）なでる

2
① 調 進 急 部 都
② 投 送 結 深 流
③ 板 植 送

---

18 漢字の組み立て ペ35・ジ36

1
① 紙 ② 絵

2
① 星 ② 雲・雪

3
① 味 ② 春

4
① 思 ② 悲

銀 始 習 味 町
和 箱 送 草 横 坂
笛 庫 鉄 植
畑 姉

3
① 人 ② 談 ③ 客・守 ④ 手

1 ①北・南・東・西
②春・夏・秋・冬
※じゅんじょがちがってもよい。

2 ①鼻・歯
②都・県・市
③悲・苦・安心
④水泳・野球

3 ①島・岸・波・湖
②豆・実・葉・根
※じゅんじょがちがってもよい。

4 ①駅・旅館・港・橋
②研究・発表・宿題
③医者・助手・委員長

1 ①牛・午 ②池・地 ③新・親 ④間・聞

2 ①反 ②氷 ③主 ④全 ⑤帳 ⑥申

3 ①皿・血 ②待・持 ③坂・板 ④銀・根

4 ①肉を油で…。
②店員が、注文した…。
③投げ入れた。役に…。
④化ける昔話を…。

ポイント
②「住」と「注」、③「役」と「投」は、部首のちがいに注目して使い分けをおぼえよう。

1 ①元・原 ②会・合 ③遠・園 ④空・明

2 ①仕 ②真 ③送 ④終 ⑤等 ⑥代

3 ①委・意 ②切・着 ③調・帳 ④追・負

4 ①…商店で、…歯ブラシを…。
②…身の…注意しよう。
③…代で生きる者の物…。
④…図書館で…帰した。

1 ①日記・記号・記事
②自分・自由・自習
③写真・真実・真意
※①「記事」・「記号」、③「真意」・「真実」のじゅんでもよい。②は、じゅんじょがちがってもよい。

2 ①期 ②身 ③所

3 ①右 ②短 ③前 ④強

4 ①大小（だいしょう）　内外（ないがい）
②回転（かいてん）　身体（しんたい）
③白線（はくせん）　短文（たんぶん）
※②・③は、じゅんじょがちがってもよい。

③
{ ほ
{ こまそ
④
{ おそ
{ おし

②
① すこし
③ にごう
④ さえる
② こえる

①
② おそい
③ おし

25 送りがな①
ペ
ー
ジ
49・50

④
① はずかしい……
② とうのちから……
③ とじめの……
② おじちのすすめ……
① こっぷに……
④ まっすぐ

④
① まっすぐ・おうさまし……
② おうかん……
③ ○うつ・○いこ
② ①おう
③ おう
④ ②おう

②
① はなち
③ はこおり
① ①おり
④ ②おみ
② みぶ

24 かなづかい
ペ
ー
ジ
47・48

③ 前後……
② 勝負……
③ 生死……
② 明暗……

① 期朝……
② 血液を持って……外……
③ 全部……
④ 明開……

① 血皿……姉妹……
② 野球……
③ ②起
④ ①返

② 珠跡……
② 待ちに待った……
③ 決……
④ 家……

23 仕上げドリル④
ペ
ー
ジ
45・46

④
③ わたしは……
② わたしは、……
① わたしは……

④
③ たんぽぽのたねが……
② ほんのあじで、「……」……
① おなまえ、「……」……

④
③ すみれが、休んで、花猫を……
② しったとき……
① 今日は本……

27 丸(。)、点(、)、かぎ(「」)の使い方
ペ
ー
ジ
53・54

④
③ 美しい
③ 流れる
① 流れ……

④
② 短へり
② 代える
② 重ける

② 遊び
③ ②遊ぎい
② ①がく

② ②重けれつ
① 重ける
③ ②けっへ
① ①へ

26 送りがな②
ペ
ー
ジ
51・52

④
① 苦しい
③ 苦い……
② 生える
② 生きる
② 生まれる

④
① こい……
② じわる

28 仕上げテスト⑤ 55・56ページ

1 ① …おにいさんから、 …。…箱の…。
　　それをお見て、母は …。
　② ①重い
　　②開ける
　　③食べる
　③「たくさんあるから、毎日たべることにしよう。」

2 ① …ちもおせんしだ。
　　…けしきは われ …。
　　…うなづけだ。
　② ①登り
　　②苦しく
　　③美しい
　③「来てよかっただろう。」
　④ …山のぼりだったので、とちゅうから…。

29 文の組み立て① 57・58ページ

1 ①ア ②ウ ③イ ④ア
2 ①男の子が
　②犬は
　③教室は
　④わたしは
3 ①走る
　②さんまです
　③ある
　④にぎやかだ
4 ①父は
　②海は
　③魚が

ポイント
主語は、「何が（は）」「だれが（は）」にあたる言葉だよ。③の「中では」は主語ではないから注意しよう。

30 文の組み立て② 59・60ページ

1 ①イ ②ア ③ウ ④エ
2 ①小さい
　②いる
　③六年生です
　④からう
3 ①ある
　②いる
　③ある

ポイント
「いる」は人や生き物に使うよ。

4 ①れい さるがバナナを食べる。
　②れい 花だんの花がきれいだ。
　③れい 池の魚は赤いだ。
　④れい 木の上に小鳥がいる。

31 くわしくする言葉① 61・62ページ

1 ①白い
　②高い
　③ワンワン
　④きらきら
2 ①きれいな
　②つめたい
3 ①ゆっくり
　②すくすく

ポイント
動きを表す言葉をくわしくしているよ。

4 ①すみれ
　②人形
　③男の人
5 ①走った
　②とび回る
　③ねむる

34 こそあど言葉① （67・68ページ）

③ そこ
⑤ あれ
⑦ あれ

3
① あい
③ あれ
⑤ あい
⑦ あれ

2
① あい
③ あれ

1
② それ
④ その
⑥ あい
⑧ あの

② それ
④ その

2
① この
② その

4
わたしの……がっこうで、
べんきょうをした。
② ともだちと、べんきょうをした。
③ あそびながら、べんきょうをした。
④ わたしの……クラスをえらび〈に〉

「家」で正しいですか。

〈ポイント〉

① わたしの住んでいる地方に、大きな湖があります
② それは、日本一大きな湖で、〈びわ湖〉といいます
③ それに、たくさんの魚がいます
④ わたしの家族です

33 仕上げドリル⑥ （65・66ページ）

4
① それ
② これ
③ それ

3
① これ
② その
③ そう

2
① で
② 駅で

1
① 明日
② 日曜日
〈日曜日〉

② ナイフを使って、くだものを食べる。
③ 女の子が、プールで泳いでいる。
① 男の子が、グラウンドで走っている。

32 つなぐ言葉② （63・64ページ）

36 文をつなぐ言葉 （71・72ページ）

4
① その
② ひもで
③ もう一ぴき金魚

3
① それ
② この

「だから」は、まえの文に使われることが多い。

〈ポイント〉

2
① あの
② この

1
① その
② この

35 こそあど言葉② （69・70ページ）

4
① これ・この
② その・それ
③ あれ・あの
④ どれ・どの

※じゅんじょがちがってもよい。

4
① わたしは、べつべつに食べた。
② けれども、水をのんだ。
③ たから、さいしょに止まった。

3
① だから
② それで
③ それから
④ それとも

2
① それで
② だから
③ それから

1
① だから
② だから
③ それから

37 いろいろな言い方① ページ73・74

1
① 走った
② さめた
③ 飲んだ
④ 開いた

2
① しばります
② 出てきます
③ ふりませんでした
④ もどりました

3
① なった
② 着いた
③ 運んだ
④ 習った

4
① はんたいに気温をはかりました。
② あの白いたて物は駅だ。
③ 今日は、天気がよくありません。
④ いろいろな本で調べてみましょう。

38 いろいろな言い方② ページ75・76

1
① 行ったそうだ
② 帰ったそうだ
③ 工場だそうだ

2
① イ ② ウ
③ エ ④ ア

3
① ねるだろう
② 帰ったようだ
③ 作ったらしい

4
① れい ケーキはすきですか。
② れい くつの道具をかたづけなさい。
③ れい 友だちとゲームで遊びたい。
④ れい 今日はプールで泳ごう。

ポイント
①「～ですか」、②「～かたづける」、④「泳ぎましょう」のように、いろいろな言い方があるよ。③「遊びたい」のような「きぼうする言い方」は、自分がしたいことを言うときに使うよ。

39 いろいろな言い方③ ページ77・78

1
① { ( ) / (○) }　② { (○) / ( ) }

ポイント
②は「～たり～たり」で、したことをならべる言い方になるよ。

2
① { (○) / ( ) }　② { ( ) / (○) }

ポイント
①「まるで～ように」で、たとえる言い方になるよ。

3
① ように
② ように
③ ような

4
① 氷　② 雪

5
① れい ろうかをはしったり、ぶつかったりした。
② れい 夏休みに、海で泳ぎ、山に登った。
③ れい 本を読んだり、ゲームで遊んだりした。

40 仕上げドリル⑦ ページ79・80

1
① 近くの公園
② ウ
③ イ
④ いなかった

2 来たらしい

ポイント
「らしい」をふくむ部分に――が引いてあれば正かいです。

② やって来た
③ 転校生
④ ウ
⑤ れいとう庫の中（れいとう庫）

1 ❶ ①五
② 一生けんめい
③ だいく

ポイント
①「五つ」とは「五さい」ということだよ。ツメコは「一生けんめい」に遊んだり一生けんめいしているのに、大人たちが遊んでくれないで「だいく」っていうたんだね。

❷ ①行って
② 遊んで

ポイント
ツメコが夢中になると、大人はみんな開口して行ってしまう。そして、だれも遊んでくれなくなるんだね。

❸ ①いちろう
② おじいさん〈おじさん〉

❹ ⑥…ツメコ
①…(一くの)おじさん

❺ どこのおだんご屋さんでしまった。

1 ❶ ①(えだについた)ヤチの中〈ヤチ〉
❷ ②やわらかく〈やわらかい〉
❸ ①くわえ
② くらう
❹ ④ 水につけてやわらかくしてからに。
❺ ⑤ 大豆をこして、にがりにこだもの。
❻ ⑥ ウ

ポイント
大豆をおいしく食くるくふうを、「豆まきにつかう豆(いり豆)」、「に豆」、「きなこ」、「とうふ」と順にならくて説明しているよ。

❼ とうふ

ポイント
ナぶりに書いてあるよ。ナぶりまたくしかり読むつ。

1 ❶ ⑥① 夜中に一くでせっちん〈べんじょ〉に行けながら。
❷ ①表
② モチモチの木
❸ ①こっぱこ
② べ々ッキ
③ 「わっ」

ポイント
問題文のことがらが、文章中のどこにあるかをさがしてみよう。

❹ ⑥① ・ふとんをあげられるよりこっから。
・豆太がかわこそうで、かわこがったから。
❺ ⑥① きもすけ〈どきょうのあるく〉
❻ ⑥① どうしておくびょうなのかと思っている。

ポイント
文章のいちばんはじめにある、「全く、豆太ほど…」の語口などからも考えてみよう。